AUSGEWÄHLTE TEXTE

Herausgegeben von
Hans Christian Meiser

JIDDU KRISHNAMURTI

GOLDMANN VERLAG

Der Goldmann Verlag
ist ein Unternehmen der Verlagsgruppe Bertelsmann

Made in Germany · 2/88 · 1. Auflage

Umschlaggestaltung: Design Team München
Satz: Filmsatz Schröter GmbH, München
Druck: Presse-Druck, Augsburg
Verlagsnummer: 11033
Lektorat: Sybille Terrahe
Herstellung: Gisela Ernst
ISBN 3-442-11033-5

»Nach Jahren der Mühe und Suche fand ich Gold.«

Henry Miller über Jiddu Krishnamurti

Inhalt

Vorwort

Krishnamurti – spiritueller Lehrer, Weiser, Philosoph, Begründer von Schulen? Jeder, der sich mit diesem ungewöhnlichen Mann befaßt, ist aufgerufen, das selber zu entdecken. Dieser außergewöhnliche Mensch, der sich in seinen frühen Jahren als Vehikel erhabener Wesenheiten, als Weltlehrer sah, der es später rigoros ablehnte, ein »Guru« zu sein, der sich in den Jahren vor seinem Tod nur mehr als »Sprecher« bezeichnete, hat eine Lehre verkündet, die sich dem Suchenden erst dann erschließt, wenn er bereit ist, hinter den Sinn der Worte zu schauen und unvoreingenommen sowohl die Außenwelt als auch die eigene Innenwelt zu beobachten.
Der Kern dieser Lehre ist vielleicht ein früher Satz, den Krishnamurti 1929 sprach: »Die Wahrheit ist ein pfadloses Land.« Der Mensch kann sie nur entdecken, wenn er zuerst sich selber begreift, seinen geistigen Gehalt, seinen eigenen Bewußtseinsinhalt versteht. Kein anderer kann ihm die Wahrheit vermitteln. Es sind die persönlichen, religiösen, politischen Vorstellungen und Bilder, die sein Denken und Handeln bestimmen und die er wie einen Schutzwall um sich herum aufgebaut hat. Letztlich entstehen daraus aber die zwischenmenschlichen Probleme, die von denen der Gesellschaft nicht zu trennen sind. Eine Revolution in der Psyche des Menschen ist erforderlich, die den

Menschen erkennen läßt, daß er selber es ist, der die Probleme schafft, daß nur er selber sich von den Fesseln befreien kann. Nur in der Freiheit, in der Befreiung von den Inhalten seines Bewußtseins, von Angst und Leid liegt die Einzigartigkeit des Menschen. Aber diese Einsicht fehlt dem heutigen Menschen. Krishnamurtis Thematik blieb immer der Mensch, sein Ego, seine Befreiung. Er hat seine Reden niemals vorbereitet, er sprach ohne Konzept. Mit ganz wenigen Ausnahmen hat er auch selber keine Bücher geschrieben. Die meisten der gedruckten Texte sind gesprochene Worte – ein Grund dafür, warum sich diese nicht immer flüssig lesen.

Krishnamurti hat in Indien, in den USA und in England Schulen gegründet, die seinen Namen tragen und in denen Lehrer und Schüler gleichermaßen voneinander lernen sollen, was es heißt zu lernen und zu verstehen, sich in der wechselseitigen Beziehung zu entfalten und im »Du« den Spiegel des »Ich« zu sehen.

Ungewöhnlich wie seine Lehre ist der Lebenslauf dieses Mannes. Am 11. Mai 1895 als achtes Kind in Südindien in einer Brahmanenfamilie geboren, ist ihm keine glückliche Kindheit beschieden. Im Alter von neun Jahren verliert er seine Mutter. Mit dreizehn muß er seinen Heimatort verlassen und zieht mit dem Vater und den Geschwistern nach Adyar bei Madras. Hier hat die Theosophische Gesellschaft ihren Sitz, und hier wird er eines Tages am Strand von C. W. Leadbeater, einem hellsichtigen Theosophen, als zukünftiger Weltlehrer »entdeckt«. Leadbeater beschreibt damals die Aura dieses körperlich ganz unscheinbaren, unterernährten Knaben als »die wunderbarste, die er je gesehen hat«. In der Theosophischen Gesellschaft, deren Präsidentin damals Annie Besant war, glaubte man schon seit langem an die Wiederkehr des Messias, und so kam es, daß der junge Krishnamurti in die Obhut der Theosophen genommen und damit einem rigorosen physischen und psychischen Training unterworfen wurde, als Vorbereitung auf seine große Aufgabe gedacht, die ihm aus theosophischer Sicht gegeben war.

Krishnamurti nimmt diese Aufgabe an und ist somit bereits in den zwanziger Jahren das Oberhaupt einer eigens für ihn gegründeten Organisation, dem Orden des Sterns. Um diese Zeit hat er bereits Tausende von Anhängern in aller Welt, die in ihm den Weltlehrer erwarten. Auch in Europa, in Ommen/Holland, finden jährliche Treffen statt, und hier löst er 1929 zum Entsetzen seiner Anhänger diesen Orden auf. Hier spricht er auch den denkwürdigen Satz, daß die Wahrheit ein pfadloses Land ist und daß keine Organisation und keine Religion dorthin führt. Später wird niemand mehr sagen können, was die eigentliche Ursache für seine Handlung war; denn diesem Ereignis vorausgegangen war eine Serie mystischer Prozesse, die sich über einen längeren Zeitraum hinzogen und die ihm große körperliche Qualen bereiteten. Es war in einer sternklaren Nacht, als er unter einem jungen, blühenden Pfefferbaum jene innere Wandlung erfuhr, die dann sein weiteres Leben bestimmte.

Jiddu Krishnamurti ist sein Leben lang durch die Welt gereist und hat überall zu den Menschen gesprochen. Seine Thematik blieb immer dieselbe. Er sprach in Indien, Ceylon, Europa, Amerika, Kanada, Süd- und

Mittelamerika, Australien. Er hielt Vorträge in London, Paris, Rom, Amsterdam, Berlin. Er hatte große und kleine Gesprächskreise, er gab Interviews sowohl in der Öffentlichkeit als auch privat. In den letzten Jahren seines Lebens diskutierte er mit Wissenschaftlern verschiedener Fakultäten und Psychotherapeuten. Er konnte ein eifriger Zuhörer sein, doch blieb er am Ende bei seiner Aussage. Über zwanzig Jahre lang hielt er Vortragsreihen in der Schweiz, wo sich Menschen aus aller Herren Länder jährlich versammelten.
Krishnamurti ist 1986 im Alter von neunzig Jahren gestorben. Es ist vielleicht nicht unbedeutend, daß er nicht in Indien, sondern an jenem Ort starb, wo er die große Wandlung erfahren hatte: in Kalifornien nahe jenem Pfefferbaum, der inzwischen eine gewaltige Größe erreicht hat. Als man am Morgen, der seinem mitternächtlichen Tod folgte, seine sterblichen Überreste aus dem Haus trug, in dem er sechzig Jahre lang ein- und ausgegangen war, flogen Hunderte von Graugänsen über den Pfefferbaum hinweg. Sie flogen in perfekter V-Formation gen Osten.
In einer Welt, deren überlieferte Werte mehr und mehr in Frage gestellt werden und die sich sozialen, ökologischen, ökonomischen, rassischen und religiösen Konflikten gegenübersieht, die fast unlösbar zu sein scheinen, weist Krishnamurti mit seiner Lehre einen Weg aus dem Chaos.

Ingeborg von Massenbach

Gedanken und Meditationen

Was suchen wir?

Wonach suchen die meisten Menschen? Wonach strebt ein jeder von uns? Sicherlich ist es wichtig, dies herauszufinden. In einer Welt, die von Unruhe, Kriegen, Kampf und Leid zerrüttet ist, streben die meisten Menschen nach einer Zuflucht. Und so folgen sie einem Führer nach dem anderen, einer religiösen Organisation nach der anderen, einem Lehrer nach dem anderen.

Suchen wir nun Glück oder eine Art von Befriedigung, von der wir Glück zu erlangen hoffen? Glück und Befriedigung ist nicht das gleiche. Vielleicht kann man Befriedigung finden, doch niemals Glück, denn Glück ist eine Folge, eine Begleiterscheinung von etwas anderem. Kann man Glück überhaupt suchen? Bevor wir aber unseren Sinn und unser Herz einer Sache zuwenden, die ein gut Teil Ernst, Aufmerksamkeit, Denken und Sorgfalt erfordert, müssen wir herausfinden, um was es uns geht, ob um Glück oder Befriedigung. Ich fürchte, die meisten Menschen suchen Befriedigung. Wir wollen zufriedengestellt werden, möchten am Ende unseres Suchens gern ein Gefühl der Befriedigung haben.

Friede läßt sich sogar bis zu einem gewissen Grade finden. Man kann sich blind einer guten Sache, einer Idee widmen und darin Zuflucht nehmen. Das aber ist keine Losung des Problems. Bloße Absonderung in eine einschließende Idee befreit auf die Dauer nicht von Konflikt. Deshalb ist es wichtig, genau zu erkennen, wonach jeder Mensch innerlich und äußerlich strebt. Die Schwierigkeit liegt aber gerade darin, sich über seine eigene Absicht klarzuwerden. Kann man das überhaupt? Und kommt Klarheit durch Suchen, durch den Versuch herauszufinden, was andere sagen – vom höchsten Lehrer bis herab zum einfachen Prediger in irgendeiner Dorfkirche? Muß man zu jemandem gehen, um etwas herauszufinden? Und doch tun wir es. Wir lesen zahllose Bücher, wir besuchen Versammlungen und diskutieren, wir treten den verschiedensten Organisationen bei – alles in dem Versuch, ein Heilmittel zu finden, ein Heilmittel gegen die Not und Verworrenheit unseres Lebens. Diejenigen aber, die es nicht mehr tun, glauben, es bereits gefunden zu haben und behaupten, daß eine bestimmte Organisation, ein bestimmter Lehrer, ein bestimmtes Buch ihnen alles gegeben hätte, was sie brauchten; und sie bleiben dabei, starr und eingeengt.

Suchen wir nicht im Grunde unseres Herzens nach etwas Dauerndem, etwas Bleibendem, das wir Wirklichkeit, Gott, Wahrheit oder sonstwie nennen? Namen sind ja nur Worte, und das Wort ist nicht der Begriff. Deshalb lassen Sie uns nicht an Worten hängenbleiben. Überlassen wir das den Berufsrednern. Es ist schon so, daß die meisten von uns nach etwas Bleibendem suchen, nach etwas, woran wir uns klammern können, das uns Gewißheit, Hoffnung, anhaltende Begeisterung und Sicherheit geben soll, denn wir sind ja so unsicher in uns selbst. Wir kennen uns selber nicht. Zwar wissen wir viel über das, was die

Bücher sagen, doch haben wir keinerlei direkte eigene Erfahrung.
Wir wollen etwas haben, das ewig dauern, uns fortgesetzt befriedigen kann. Wenn wir uns aller Worte und Phrasen entledigen, so ist es doch tatsächlich nur dies. Wir streben nach bleibender Freude, bleibender Befriedigung und nennen es Wahrheit oder Gott.
So streben wir also nach Vergnügen. Das mag vielleicht grob klingen, doch tatsächlich wollen wir gerade dies: ein Wissen, das uns Vergnügen bereitet, Erfahrung, die uns Freude macht, Befriedigung, die das Morgen überdauert. Und da es uns trotz aller unserer Anstrengungen nicht gelungen ist, erhoffen wir, es in der Wirklichkeit, in Gott zu finden. Das ist es doch zweifellos, wonach alle Menschen suchen – kluge wie dumme, Theoretiker wie Praktiker, sie alle streben danach. Gibt es denn aber bleibende Befriedigung? Gibt es etwas, das dauern kann?
Wenn man eine bleibende Befriedigung sucht, sie Gott, Wahrheit oder sonstwie nennt – der Name ist unwichtig –, müßte man dann nicht zunächst einmal dasjenige verstehen, das auf der Suche ist, nämlich den Suchenden, den Forschenden? Vielleicht gibt es überhaupt keine bleibende Sicherheit, kein bleibendes Glück. Vielleicht ist die Wahrheit vollkommen verschieden von dem, was man sehen, begreifen und formulieren kann; und ich glaube es sogar. Daraus also ergibt sich die Notwendigkeit, erst einmal den Suchenden zu verstehen. Ist dieser denn so verschieden von dem, was er sucht? Ist der Denker etwas anderes als sein Gedanke? Sind nicht beide im Grunde genommen eins?

Wir müssen uns daher sehr ernsthaft und tiefgehend fragen, ob Frieden, Glück, Wahrheit, Gott – oder wie man es nennen will – uns von einem anderen übermittelt werden kann, ob dieses unaufhörliche Suchen und Sehnen uns jenen außerordentlichen Sinn für Wirklichkeit und schöpferisches Wesen verleihen kann, der eintritt, wenn wir uns selber wahrhaft verstehen. Kommt Selbsterkenntnis vom Suchen, von der Nachfolge eines anderen, vom Beitritt zu einer bestimmten Organisation, vom Bücherlesen usw.? Solange ich mich aber nicht selbst verstehe, fehlt mir die Grundlage für mein Denken, und alles Suchen wird vergeblich sein. Ich kann in eine Illusion flüchten, ich kann vor Kampf, Streit und Mühsal davonlaufen, ich kann andere verehren, ich kann mein Heil durch einen anderen suchen. Solange ich jedoch in bezug auf mich selber unwissend bin, solange ich den Gesamtvorgang meines Ichs nicht kenne, ist es nutzlos, auf die Suche zu gehen, Lehrer zu wechseln, Yoga- und Atemübungen zu machen, kirchliche Gebräuche zu vollziehen und Meistern zu folgen.

So erscheint es mir sehr wesentlich, erst damit zu beginnen, uns selber zu verstehen, bevor wir uns auf die Suche nach der Wirklichkeit, nach Gott begeben, bevor wir handeln, bevor wir Beziehungen zu anderen eingehen – was man unter Gesellschaft versteht. Und ich halte den Menschen für ernst, der sich in erster Linie hiermit beschäftigt und nicht damit, wie er ein bestimmtes Ziel erreichen kann. Wie sollten wir denn eine Umwandlung in der Gesellschaft, in unseren Beziehungen, in allem, was wir tun, herbeiführen können, wenn wir uns selber nicht verstehen! Das bedeutet jedoch nicht, daß Selbsterkenntnis ein Gegensatz zu unseren Beziehungen oder eine völlige Trennung von ihnen sei. Noch bedeutet es die Betonung des Individuums, des Ichs im Gegensatz zum anderen, zur Allgemeinheit.

Kann man überhaupt ernsthaft über etwas nachdenken, ohne sich selbst, ohne seine eigene Denkungsart zu kennen, ohne den Hintergrund seiner Bedingtheit zu erfassen und zu wissen, warum man bestimmte Überzeugungen hinsichtlich der Kunst, der Religion, des Vaterlandes, des Nachbarn und sich selber hegt? Muß dann nicht alles Suchen nichtig, alles Handeln sinnlos sein, gleichviel ob man Amerikaner, Hindu, Christ oder etwas anderes ist?

Bevor wir also erforschen können, was das Endziel des Lebens ist, warum es Kriege, nationale Gegnerschaften, Konflikte, kurzum all diese Verwirrung gibt, müssen wir erst einmal mit uns selbst beginnen. Das aber ist außerordentlich schwer. Es erfordert eine gesteigerte Wachsamkeit; so sehr, daß man immer aufmerksamer den Verwicklungen des eigenen Denkens, Fühlens, Reagierens gegenüber wird und somit beginnt, in erhöhtem Maße wachsam in bezug auf sich selbst und auf den anderen, mit dem man in Beziehung steht, zu werden. Sich selbst zu erkennen, bedeutet, sich selbst beim Handeln zu studieren – und das ist auch Beziehung. Die Schwierigkeit ist die, daß wir so ungeduldig sind; wir möchten vorwärtskommen, wir möchten ein Endziel erreichen. Zudem haben wir allerhand Tätig keiten zu verrichten, müssen Geld verdienen, unsere Kinder großziehen, haben bestimmte Verpflichtungen bei verschiedenen Organisationen auf uns genommen und uns auf die verschiedenste Weise so festgelegt, daß wir kaum Zeit zum Studium unseres Selbst, zur Selbstbesinnung übrig haben. Und doch hängt alles von uns selber ab. Die Jagd nach Lehrern und ihren Systemen, das Lesen der neuesten Bücher auf allen Gebieten, all dies erscheint mir so gänzlich sinnlos; denn mag man auch über die ganze Erde wandern, man muß doch zu sich selber zurückkehren. Da aber die meisten Menschen so vollkommen unbewußt ihrer selbst sind, ist es ihnen anfangs äußerst schwer, den Vorgang ihres eigenen Denkens, Fühlens und Handelns deutlich zu betrachten.

Je tiefer die Selbsterkenntnis, desto größer die Klarheit. Selbsterkenntnis hat kein Ende, man kommt zu keinem Ergebnis, keiner Schlußfolgerung. Sie ist wie ein endloser Fluß. Und in dem Maße, wie man sie erforscht, in sie eindringt, findet man Frieden. Nur wenn der Sinn ruhig ist – in Selbsterkenntnis, nicht aber durch auferlegte Selbstdisziplin –, nur dann, in solcher Ruhe, solchem Schweigen kann Wirklichkeit ins Dasein treten, kann Segen kommen, kann schöpferisches Handeln entstehen.

Es erscheint mir sinnlos, ohne ein solches Verständnis, ohne eine solche Erfahrung nur Bücher zu lesen, Vorträge anzuhören, Propaganda zu treiben – das ist Tätigkeit ohne viel Bedeutung. Wenn man dagegen fähig ist, sich selbst zu verstehen, darin schöpferische Freude zu empfinden und die Erfahrung von etwas außerhalb der Sinne zu machen, dann kann vielleicht eine Umwandlung der unmittelbaren Beziehungen um uns und damit der Welt, in der wir leben, stattfinden.

Der Einzelne und die Gesellschaft

Das Problem, das den meisten Menschen entgegentritt, ist dies: Sollen wir als Einzelwesen uns von der Gesellschaft, der Regierung gebrauchen, leiten, erziehen, beaufsichtigen, nach einem bestimmten Vorbild formen lassen, oder besteht die Gesellschaft, der Staat für den einzelnen? Ist der einzelne das Ziel oder nur eine Marionette, die angelernt, ausgebeutet und als Werkzeug des Krieges abgeschlachtet werden kann?
Wäre der einzelne tatsächlich nichts weiter als ein Werkzeug der Gesellschaft, dann wäre diese viel wichtiger als er. Dann müßten wir unsere Individualität aufgeben und für die Gesellschaft arbeiten. Sie hätte ein Recht, uns nach einem bestimmten Schema zu formen, um uns je nach Bedarf gebrauchen, zerstören, liquidieren, vernichten zu können. Sollte jedoch die Gesellschaft für den einzelnen bestehen, dann wäre es ihre Aufgabe, das Individuum zu wecken mit seinem Gefühl und Drang nach Freiheit.
Es ist ein ernstes Problem, wie soll man sich ihm nähern? Es geht hier nicht um Ideologien; dann wäre es nur eine Meinungsfrage. Auch erzeugen Ideologien immer Feindschaft, Verwirrung und Konflikt. Wer sich auf Bücher verläßt, stützt sich lediglich auf Meinungen – seien es die von Buddha oder Jesus, Meinungen der Kapitalisten, Kommunisten oder anderer. Dies alles sind nur Ideen, nicht aber die Wahrheit. Meinungen

über eine Tatsache können abgeleugnet werden, nie jedoch die Tatsache selbst. Meinungen sind stets das Ergebnis einer gewissen Gebundenheit, einer Gebundenheit an Autoritäten oder Organisationen, an die Linke oder Rechte. Um aber die Wahrheit finden zu können, muß man frei von aller Propaganda und unabhängig von Führern sein. Die Wahl eines Führers geschieht immer aus einer Verwirrung heraus, einer Verwirrung, die auch den Führer selbst betrifft, so daß man von ihm weder Hilfe noch Leitung erwarten kann. Will nun unser Sinn ein Problem verstehen, so muß er es nicht nur vollkommen erfassen, sondern auch imstande sein, ihm jeweils schnell zu folgen. Denn Probleme sind nie statisch, sie sind immer neu – seien sie nun wirtschaftlicher, psychologischer oder anderer Art. Jede Krise ist neu; und wer sie verstehen will, dessen Sinn muß frisch, klar und beweglich sein.

Ich glaube, die meisten Menschen erkennen die dringende Notwendigkeit einer inneren Umwälzung; denn nur sie allein vermag eine grundlegende Wandlung des Äußeren, der Gesellschaft herbeizuführen. Dies ist das Problem, mit dem ich und alle ernstgesinnten Menschen sich beschäftigen. Da nun aber alle Gesellschaft statisch ist, so muß auch jede Handlung, jede Reform, die ohne innere Umwälzung zustande kommt, gleicherweise statisch sein und nur zu Wiederholung und Gewohnheit führen. Solange die anhaltende innere Umwälzung, die schöpferische psychologische Neugestaltung fehlt, kommt die Gesellschaft immer wieder zum Stillstand, hat keine lebenerwekkende Eigenschaft, kristallisiert und muß daher beständig wieder aufgelöst werden.

Welche Beziehung besteht nun zwischen Ihnen und dem Elend, der Verwirrung in Ihnen und um Sie herum? Sicherlich sind diese nicht von selbst entstanden. Sie und ich sind verantwortlich dafür; nicht die kapitalistische, kommunistische oder faschistische Gesellschaft, sondern wir, Sie und ich, haben sie durch unsere Beziehungen zueinander geschaffen. Was Sie innerlich sind, ist nach außenhin in die Welt projiziert worden; was Sie sind, denken, fühlen und in Ihrem täglichen Leben tun – all das nach außenhin projiziert –, bildet die Welt. Gesellschaft ist das Ergebnis unserer gegenseitigen Beziehungen; und wenn diese verworren, egozentrisch, eng, begrenzt, nationalistisch sind, so bringen wir Chaos in die Welt.

Unser Problem also ist zugleich ein Weltproblem. Das ist eine einfache und grundlegende Tatsache, die leider die meisten Menschen in ihren gegenseitigen Beziehungen nicht beachten. Wir möchten gern Veränderungen mit Hilfe eines Systems oder durch Revolution der Ideen und Werte, die auf einem System aufgebaut sind, herbeiführen; aber wir vergessen, daß gerade wir, Sie und ich, die Gesellschaft bilden und durch unsere eigene Lebensweise jeweils Verwirrung oder Ordnung stiften. Deshalb müssen wir in der Nähe beginnen, d. h. wir müssen uns mit unserem täglichen Leben befassen; unserem Denken, Fühlen und Handeln, das sich in der Art unseres Berufes, in Ideen und Glauben offenbart. Wir beschäftigen uns mit unserem Lebensunterhalt, dem Erwerben einer Stellung, dem Geldverdienen, wir sind an Familie und Nachbarn interessiert, wir nehmen Anteil an Ideen und Glauben. Wenn man aber unsere Berufe betrachtet, so sind die meisten im Grunde auf Mißgunst aufgebaut, sie sind nicht ausschließlich Mittel zum Erwerb unserer Lebenserfordernisse. Die Gesellschaft ist derart zusammengesetzt, daß sie einen Vorgang beständigen Konflikts, beständigen Werdens darstellt; sie basiert auf Gier, Mißgunst und Neid. Der Gehilfe, der Geschäftsführer werden möchte, beweist, daß er nicht allein darauf aus ist, seinen Lebensunterhalt, sein Dasein zu verdienen, sondern Stellung und Ansehen zu erwerben. Eine solche Einstellung wirkt natürlich verheerend auf die Gesellschaft; wenn wir uns dagegen ausschließlich mit unserem Lebensunterhalt beschäftigen würden, dann würden wir auch die richtigen Mittel finden, ihn zu erwerben – Mittel, die nicht auf Neid oder Mißgunst beruhen. Neid ist einer der zerstörendsten Faktoren in allen Beziehungen, denn Neid deutet auf ein Streben nach Macht und Stellung und führt schließlich zu Politik; beide sind eng verwandt. Wenn der Gehilfe danach strebt, Geschäftsführer zu werden, so trägt er zum Schaffen von Machtpolitik bei, die schließlich zum Kriege führt, an dem er auf diese Weise eine direkte Mitverantwortung trägt.

Worauf ist nun unsere Beziehung zueinander aufgebaut, die Beziehung zwischen Ihnen und mir, zwischen Ihnen und den anderen, kurzum die Gesellschaft? Sicherlich doch nicht auf Liebe, obwohl wir davon sprechen; denn wäre dem so, dann würden Friede und Glück zwischen uns herrschen, und es gäbe nicht jenes Übelwollen, das sich in den Mantel des Respekts kleidet. Dächten und fühlten wir auf gleicher Stufe, so könnten Übelwollen und Respekt nicht bestehen; wir würden uns als zwei Individuen begegnen, nicht aber als Lehrer und Schüler oder als Ehegatten, die einander beherrschen wollen. Übelwollen bringt Verlangen nach Macht mit sich, das seinerseits Eifersucht, Angst und Leidenschaft erzeugt. Dies aber bringt ständigen Konflikt; zwar suchen wir, ihm zu entfliehen, bringen dadurch aber nur weiter Chaos und Elend hervor.

Verzerren nicht auch Ideen, Glaube und Formeln, die einen Teil unseres täglichen Daseins ausmachen, unseren Sinn? Denn was ist Dummheit anderes als die falsche Bewertung jener Dinge, die Verstand oder Hand hervorgebracht haben! Kommen nicht die meisten unserer Gedanken aus dem Instinkt des Selbstschutzes, und erhalten nicht unendlich viele unserer Ideen eine falsche Bedeutung, eine Bedeutung, die nicht in ihnen liegt? Wenn wir nämlich an eine Form glauben – sei es eine religiöse, ökonomische oder soziale –, wenn wir an Gott glauben, an ein soziales System, an Nationalismus usw., dann geben wir sicher dem Glauben eine falsche Bedeutung (die von Dummheit zeugt), weil Glaube die Menschen trennt, anstatt sie zu vereinen. Unsere Lebensweise also schafft Ordnung oder Chaos, Frieden oder Konflikt, eine Gesellschaft, in der Glück oder Elend herrscht.

Mit anderen Worten, eine Revolution in der Gesellschaft muß mit der inneren psychologischen Umwandlung des einzelnen beginnen, nicht aber, wie die meisten Menschen wünschen, mit Hilfe kommunistischer und anderer Mittel. Eine solche Revolution, wie radikal sie auch wäre, eine Handlung also, die lediglich das äußere Bauwerk der Menschen betrifft, müßte ihrer Natur nach stagnieren. Um also eine Gesellschaft zu formen, die sich nicht wiederholt, die nicht stillsteht, nicht verfällt, die immerwährend lebendig ist, bedarf es einer Umwandlung im psychologischen Gefüge des einzelnen. Denn ohne diese müßte die Gesellschaft immer wieder erstarren, stagnieren und mehr und mehr verfallen, mag ihre Gesetzgebung auch noch so stark und weise verkündet werden.

Ich glaube, es ist wichtig, dies zu verstehen und nicht leichtfertig darüber hinwegzusehen. Wenn eine Handlung nach außenhin vollbracht und beendet ist, wird sie statisch; wenn die Beziehung zwischen Einzelwesen – nämlich die Gesellschaft – nicht das Ergebnis innerer Umwandlung ist, dann saugt das soziale Gefüge den einzelnen auf und macht ihn damit ebenfalls statisch. Erkennt man aber die enorme Bedeutung dessen, was ich gesagt habe, sieht man diese Tatsache *wirklich*, dann kann es keine Frage der Zustimmung oder Ablehnung mehr geben. Wir sehen, wie das Gefüge der heutigen Gesellschaft sich immer mehr zersetzt, ob in Indien oder Europa, in Amerika oder in anderen Teilen der Welt, und wir erfahren dies auch an unserem eigenen Leben. Wir können es beobachten, wenn wir auf der Straße gehen; und es bedarf nicht erst großer Geschichtsschreiber, um zu erkennen, daß neue Architekten, neue Baumeister kommen müssen, um eine neue Gesellschaft zu schaffen. Das Gefüge muß auf einer neuen Grundlage, auf neu entdeckten Tatsachen und Werten aufgebaut werden. Da es aber diese Baumeister noch nicht gibt, ist es unser eigenes Problem. Wir sehen den Zerfall, die Auflösung der Gesellschaft, und daher müssen wir – Sie und ich – selbst die Architekten sein. Denn würden wir uns auf

die Berufsarchitekten verlassen, auf die politischen und religiösen Baumeister, so bliebe alles wie zuvor.
Weil nun der einzelne so wenig schöpferisch ist, mußte es zu diesem Chaos der Gesellschaft kommen. So ist es unbedingt erforderlich, wieder schöpferisch zu werden, denn die Aufgabe ist dringend; wir müssen uns der Ursachen für den Zerfall der Gesellschaft bewußt werden und ein neues Gefüge schaffen, ein Gefüge, das nicht mehr auf Nachahmung, sondern auf unserem eigenen schöpferischen Verständnis gegründet ist. Das bedeutet aber, daß man negativ an dies Problem herangehen muß, denn ein positiver Zugang würde abermalige Wiederholungen zur Folge haben. Negatives Denken ist die höchste Form des Verstehens. So muß man das, was im Zerfall begriffen ist, negativ erforschen und untersuchen – nicht aber mit einer positiven Formel, einem System, einer festgelegten Schlußfolgerung.
Eine der grundlegenden Ursachen für den Zerfall der Gesellschaft ist also die, daß der einzelne nicht mehr schöpferisch ist. Was meine ich nun damit? Ich werde versuchen, mich deutlicher zu erklären. Wir – Sie und ich – sind zu Nachahmern geworden, äußerlich und innerlich ahmen wir nach. Natürlich muß es ein gewisses Maß von Nachahmung und Abschreibung im äußeren Leben geben, z. B. wenn man eine Technik erlernt oder sich einem anderen mit Hilfe von Worten mitteilt, beim Bau einer Brücke usw., nicht aber auf psychologischem Gebiet. Doch leider bedienen wir uns ihrer auch gerade hier. Unsere Erziehung, unser soziales Gefüge, unser sogenanntes religiöses Leben – all dies ist auf Nachahmung aufgebaut; mit anderen Worten, ich

stimme mit einer bestimmten sozialen oder religiösen Formel überein. Ich bin kein Individuum mehr, bin eine reine Wiederholungsmaschine geworden mit bestimmten, begrenzten Reaktionen – sei es denen des Christen, des Hindu, des Buddhisten, des Deutschen oder Engländers. Unsere Reaktionen sind der Schablone der Gesellschaft gemäß begrenzt, entweder der des Ostens oder der des Westens, der religiösen oder der materialistischen. Nachahmung ist also eine der grundlegenden Ursachen für den allgemeinen Zerfall, und einer ihrer zersetzendsten Faktoren ist der Führer, dessen ganzes Wesen nichts als Nachahmung ist. Wo Autorität herrscht, muß es auch Nachahmung geben. Da unser gesamter psychologischer Charakter auf Autorität basiert, müßte man sich erst von dieser befreien, um überhaupt schöpferisch sein zu können. Haben Sie nicht bemerkt, daß in Augenblicken lebendigen Interesses kein Gefühl der Nachahmung besteht? Solche Augenblicke sind stets neu, schöpferisch und glücklich. Nachahmung aber, die eine blinde Autoritätsverehrung in sich einschließt, ist eine der grundlegenden Ursachen für den gesellschaftlichen Zerfall.

Selbsterkenntnis

Da die Probleme in der Welt so ungeheuer, so übermäßig verwickelt sind, muß man sich ihnen auf einfache und direkte Weise nähern, um sie verstehen und auflösen zu können. Einfachheit und Geradheit hängen aber nicht von äußeren Umständen oder von unseren besonderen Vorurteilen und Stimmungen ab. Eine Lösung läßt sich nicht in Zusammenkünften oder Plänen, auch nicht dadurch finden, daß alte Führer durch neue ersetzt werden. Die Lösung liegt einzig und allein im Schöpfer des Problems, im Schöpfer von Unglück, Haß und all den ungeheuren Mißverständnissen zwischen den Menschen; und der Schöpfer ist immer der einzelne, sind Sie und ich – nicht aber die Welt, wie wir sie sehen. Denn die Welt ist nicht etwas, das von Ihnen und mir abgesondert ist; Welt oder Gesellschaft ist die Beziehung, die wir untereinander herstellen oder herzustellen versuchen. Wir selber sind die Welt, und unsere Probleme sind die der Welt. Dies kann nicht oft genug wiederholt werden. Wir sind ja so schwerfällig in unserem Denken, daß wir immer wieder glauben, dies alles sei Sache der politischen Führer oder des Völkerbundes und ginge uns nichts an. Dabei sind wir alle verantwortlich für das schreckliche Elend, die Verwirrung in der Welt und für den drohenden Krieg. Wer die Welt wandeln will, muß bei sich selbst beginnen. Wir sollten es nicht anderen überlassen, uns nichts von einer Revolution der Rechten oder Linken versprechen. Nur wenn wir uns selber in der kleinen Welt, in der wir leben, umformen können, wenn wir einen grundlegend anderen Gesichtspunkt für unser tägliches Leben gewinnen, vermögen wir vielleicht einen Einfluß auf umfassendere menschliche Beziehungen, auf die Welt im großen zu gewinnen.

Leben heißt, in Beziehung stehen, und ein Leben in Abgesondertheit gibt es nicht. Der Mangel an rechten Beziehungen bringt Konflikt, Elend und Streit hervor. Wenn wir aber unsere Beziehungen umformen können, so werden sie – so klein auch die Welt, in der wir leben, sein mag – wie Wellen wirken, die sich ständig nach außenhin verbreitern. Ich halte es für wichtig, diesen Punkt zu erkennen: Nur wenn wir eine grundlegende Wandlung schaffen, beginnen wir in wirksamer Weise mit der Umformung der Welt. Das aber verlangt eine Revolutionierung der Werte. Um nun aber jene wahren Werte, die eine solche Erneuerung hervorbringen können, zu finden, ist es wesentlich, sich selbst zu verstehen.

Selbsterkenntnis ist Beginn der Weisheit und damit Beginn der Umwandlung und Erneuerung. Um sich aber selbst verstehen zu können, muß man sich auch verstehen *wollen* –, und hier beginnt die Schwierigkeit. Zwar sind die meisten unter uns unzufrieden; anstatt aber daß diese Unzufriedenheit uns anfeuert und uns das Leben in Zweifel ziehen läßt, wollen wir lediglich einen äußeren Wandel, ein bestimmtes Resultat erreichen, werden dadurch durchschnittlich und verlieren Spannung und Auftrieb, nach der Bedeutung des Daseins zu forschen. Deshalb ist es so wichtig, dies alles selber herauszufinden. Selbsterkenntnis kann einem niemand geben, weder Menschen noch Bücher; wir müssen selber forschen. Solange unsere Absicht dazu aber noch gar nicht besteht oder nur schwach vorhanden ist, hat eine diesbezügliche Versicherung oder der gelegentliche Wunsch nach Selbsterkenntnis wenig Bedeutung.

So wird also die Umwandlung der Welt durch die Umwandlung des eigenen Ich herbeigeführt; denn das Ich ist Erzeugnis und Teil im Gesamtvorgang des menschlichen Daseins. Ohne aber sich selbst zu kennen, gibt es keine Grundlage für rechtes Denken, und ohne Selbsterkenntnis kann keine Umwandlung stattfinden. Man muß sich selber sehen, wie man *ist*, nicht aber so, wie man sein möchte, denn nur was *ist*, kann umgewandelt werden. Dazu aber bedarf es eines außerordentlich wachen Sinnes, der an kein bestimmtes Dogma, keinen Glauben, keine fest vorgeschriebene Handlungsweise gebunden ist; denn das, was *ist*, befindet sich in ständigem Wandel und Wechsel, und wer ihm nachgehen will, darf nicht gebunden denken, muß frei von Glauben und Idealisierung sein. Glaube und Ideal geben zwangsläufig eine Färbung und fälschen die rechte Wahrnehmung. Wenn ich begierig, neidisch oder heftig bin, so ist mit den Idealen »Nicht-Gewalt« und »Nicht-Begierde« wenig gewonnen, sie sind nur eine Ausflucht und verhindern die Entdeckung dessen, was *ist*. Diese aber erfordert eine außergewöhnliche Auffassung, Ehrlichkeit und Klarheit des Denkens und ist der Beginn von Tugend.

Tugend ist wesentlich, denn sie verleiht Freiheit. Nur in Tugend kann man entdecken, kann man leben –

nicht aber im Pflegen einer Tugend. Das Pflegen einer Tugend bringt lediglich Achtbarkeit mit sich, nicht aber Verständnis und Freiheit. Es ist ein Unterschied zwischen tugendhaft-sein und tugendhaft-werden. Tugendhaft-sein kommt mit dem Verständnis dessen, was *ist*; tugendhaft-werden hingegen schiebt dies hinaus und verschleiert es mit dem, was man sein möchte. Tugend bedeutet nicht, das zu werden, was nicht ist; Tugend ist das Verständnis dessen, was *ist* und zugleich die Freiheit davon. Und Tugend ist wesentlich in einer Gesellschaft, die sich so schnell zersetzt. Um eine neue Welt, ein neues Gefüge abseits vom alten zu schaffen, muß Freiheit zum Forschen sein. Da nun aber ein Mensch, der ohne Tugend ist, nicht frei sein kann, wird er nie herausfinden, was Wirklichkeit ist. Die Wirklichkeit ist das, was *ist*, sie steht niemals still und ist in ständiger Bewegung. Sie ist kein Ideal, denn Ideale sind erdichtet. Sie ist das, was wir denken, tun und fühlen, das, was wir jeweils sind von Augenblick zu Augenblick. Nur das, was *ist*, ist das Tatsächliche. Das Verständnis des Tatsächlichen jedoch ist außerordentlich schwer; es bedarf der Wachsamkeit und eines beweglichen und schnellen Sinnes.

Wenn wir aber damit beginnen, das, was *ist*, zu verurteilen, wenn wir uns ihm widersetzen und es tadeln, dann können wir seinen Bewegungen nicht folgen und es nicht verstehen. Wer verstehen will, darf nicht verurteilen, er muß beobachten und forschen. Dazu aber bedarf es der Liebe. Wenn man z. B. ein Kind verstehen will, muß man es lieben. Man muß mit ihm spielen, seinen Bewegungen folgen, seine Vorlieben und Abneigungen, sein ganzes Verhalten beobachten. Würde man es nur verurteilen, tadeln oder ihm Widerstand bieten, so würde man es niemals verstehen. Etwas ähnliches ist es mit unseren eigenen Gefühlen, Gedanken und Handlungen; will man das, was *ist*, verstehen, so muß man sie von Augenblick zu Augenblick vorurteilslos beobachten. Dies allein ist das Tatsächliche, alles andere ist nur der Wunsch, das eingebildete Verlangen, etwas anderes sein zu wollen, als das, was man ist.

Um also das, was *ist*, verstehen zu können, ist ein Geisteszustand erforderlich, der frei ist von Identifizieren und Vorurteilen, in dem ein tiefgehendes Interesse vorhanden ist – ein wachsamer und dennoch passiver Sinn. Ist man nämlich tatsächlich daran interessiert, das, was *ist*, zu verstehen, so braucht man sich weder zu zwingen noch zu disziplinieren oder zu kontrollieren, im Gegenteil, dann herrscht Beobachtung und passive Wachsamkeit.

Grundlegendes Verständnis seiner selbst kommt nicht durch Wissen und Anhäufung von Erfahrung, es geschieht von Augenblick zu Augenblick. Angesammelte Kenntnis und Erfahrung hingegen bilden nur ein Hindernis, denn sie werden zu einem Brennpunkt, auf den sich das Denken einstellt und von dem es ausgeht. Die Welt ist nicht verschieden von uns, und was wir sind und tun, schafft ihre Probleme. Die Schwierigkeit liegt aber darin, daß die meisten von uns sich nicht unmittelbar kennen und deshalb nach einem System, einer Methode, einem Mittel suchen, um die großen menschlichen Probleme wirksam zu lösen.

Gibt es nun aber ein Mittel, ein System, um sich selbst kennenzulernen? Wenn ich einer besonderen Methode der Selbsterkenntnis folge, dann erlange ich nur den Erfolg, den dieses System erheischt, nicht aber Verständnis meiner selbst. Methoden und Systeme formen lediglich unser Denken nach einem Schema: Das Befolgen eines Schemas indes bringt niemals Verständnis des eigenen Ich. Es schließt immer den Wunsch nach einem Ergebnis ein, und im Grunde wollen wir ja gerade dies. Es geht uns gar nicht darum, unsere Impulse und Reaktionen, den gesamten Vorgang unseres bewußten und unbewußten Denkens zu verstehen. Wir möchten viel lieber einem System nachgehen, das uns Schutz und Sicherheit verspricht. Das Befolgen einer Methode setzt Autoritäten voraus – einen Lehrer, Heiland, Meister –, die uns das, was wir anstreben, verbürgen sollen.

Im Schutze einer Autorität, eines Führers, mag man zeitweise das Bewußtsein der Sicherheit, des Wohlbefindens bekommen, nicht aber das Verständnis unserer selbst. Autorität verhindert seiner Natur nach gerade das volle Gewahrwerden des eigenen Ich und zerstört die Freiheit und damit jedes schöpferische Leben. Schöpfung kann nur durch Selbsterkenntnis entstehen. Die meisten Menschen sind nicht schöpferisch, sie sind Wiederholungsmaschinen, Grammophonplatten, die bestimmte Lieder der Erfahrung, bestimmte Schlußfolgerungen und Erinnerungen – seien es die eigenen oder die anderer – wieder und wieder abspielen. Solche Wiederholung indes ist kein schöpferisches Sein. Schöpferisch sein bedeutet nicht, Bilder zu malen, Gedichte zu schreiben oder sonstwie berühmt zu werden. Dies alles ist nur die Fähigkeit, eine Idee auszudrücken, die das Publikum beklatscht oder übersieht. Fähigkeit und Schöpferisch-Sein sollten nicht miteinander verwechselt werden. Schöpferisch-Sein ist ein ganz anderer Seinszustand. Es ist ein Zustand, in dem das Ich abwesend ist, in dem der Sinn nicht mehr Brennpunkt unserer Erfahrung, unseres Ehrgeizes, unseres Strebens und unserer Wünsche ist. Der schöpferische Zustand ist nicht fortlaufend, er ist neu von Augenblick zu Augenblick, er ist Bewegung ohne »Ich« und »Mein«. Nur wenn das Ich abwesend ist, kann schöpferisches Sein eintreten – ein Daseinszustand, in dem allein Wirklichkeit als Schöpfer aller Dinge herrscht. Dieser Zustand aber kann nicht erfaßt, vorgestellt, formuliert oder nachgeahmt werden, man kann ihn durch kein System, keine Methode, keine Philosophie, keine Disziplin erreichen; er entsteht nur durch das Verständnis für den gesamten Ich-Vorgang.

Das Verständnis des eigenen Ich ist kein Ergebnis, kein Höhepunkt; es bedeutet, sich selbst von Augenblick zu Augenblick im Spiegel seiner Beziehungen zu sehen – der Beziehungen zu Besitz, Dingen, Menschen und Ideen. Das aber finden wir schwierig und ziehen es daher vor, unseren Sinn durch Systeme, Autoritäten, Aberglaube und befriedigende Theorien abzustumpfen, bis unser Geist matt, erschöpft und unempfindlich wird. Ein solcher Sinn kann aber niemals im schöpferischen Zustand liegen. Der schöpferische Zustand tritt nur ein, wenn das Ich, das den Vorgang des Wiedererkennens und Anhäufens darstellt, zu bestehen aufhört; ist doch das Ich-Bewußtsein das Zentrum des Wiedererkennens, und Wiedererkennen ist nichts anderes als der Vorgang des Anhäufens von Erfahrung. Wir fürchten uns jedoch davor, nichts zu sein, wir wollen alle etwas sein. Der kleine Mann möchte groß sein, der Unmoralische tugendhaft werden, der Schwache und Unbekannte strebt nach Macht, Stellung und Autorität. Dies ist die unablässige Tätigkeit unseres Geistes. Ein solcher Geist aber kann nie still sein und daher nie den schöpferischen Zustand erfassen.

Um also die Welt um uns her mit ihrer Not und Arbeitslosigkeit, ihrem Hunger, ihren Kriegen, Klassenunterschieden und großen Verwirrungen umzuwandeln, muß eine Umwälzung in uns selber stattfinden. Die Revolution muß in unserem Innern beginnen – nicht aber einem Glauben oder einer Ideologie gemäß. Revolutionen, die auf Ideen oder einem bestimmten Schema aufgebaut werden, sind überhaupt keine Revolutionen. Will man eine grundlegende Umwälzung in sich selber herbeiführen, so muß man den gesamten Prozeß des Denkens und Fühlens in seinen Beziehungen verstehen. Dies ist die einzige Lösung für alle unsere Probleme, nicht aber, mehr Glaubenssätze, mehr Ideologien und Lehrer zu bekommen. Wenn wir uns selber so verstehen können, wie wir von Augenblick zu Augenblick sind, ohne weiter anzuhäufen, dann werden wir eine Gelassenheit erfahren, die weder eingebildet, noch gezüchtet das Ergebnis des Geistes ist, und nur in ihr kann schöpferisches Sein entstehen.

Zeit

Meditation ist nicht das bloße Erfahren von Dingen, die jenseits alltäglicher Gedanken und Gefühle liegen, noch ist es das Trachten nach Visionen und Entzückungen. Ein unreifer und unbedeutender Mensch kann Visionen eines sich erweiternden Bewußtseins haben, und er hat sie, und er hat Erfahrungen, die er gemäß seiner Bedingtheit begreift. Diese Unreife mag den persönlichen Erfolg in dieser Welt in hohem Maße ermöglichen und mag berühmt und bekannt machen. Die Gurus, denen er folgt, sind von derselben Beschaffenheit, in dem gleichen Zustand. Meditation gehört nicht zu Menschen dieser Art. Sie ist nicht auf der Seite des Suchers, denn der Sucher findet, was er wünscht, und der Trost, den er daraus ableitet, ist die Moral seiner eigenen Ängste.

Der Mensch des Glaubens und des Dogmas mag tun, was er will, er kann nicht in das Reich der Meditation gelangen. Um zu meditieren, ist Freiheit notwendig. Meditation ist nicht als erstes da und danach die Freiheit. Freiheit – die totale Verneinung der sozialen Moral und Werte – ist der erste Ausdruck der Meditation. Sie ist keine öffentliche Angelegenheit, der sich viele anschließen und Gebete darbringen können. Sie steht allein und ist immer jenseits der Grenzen sozialen Verhaltens. Denn Wahrheit liegt nicht in den Denkvorstellungen oder darin, was das Denken zusammengesetzt hat und Wahrheit nennt. Die vollkommene Verneinung dieser ganzen Denkstruktur ist das Positive der Meditation.

Das Meer war an diesem Morgen ruhig; es war sehr blau, fast wie ein See; und der Himmel war klar. Seemöven und Pelikane flogen im Kreise am Rande des Wassers entlang; die Pelikane berührten mit ihren schweren Schwingen und in ihrem langsamen Flug fast das Wasser. Der Himmel war sehr blau, und die jenseitigen Hügel waren sonnenverbrannt, mit Ausnahme einiger Büsche. Ein roter Adler tauchte aus diesen Hügeln auf, flog über die Wasserrinne und verschwand in den Bäumen.
Das Licht ist in diesem Teil der Welt voller Eindringlichkeit und Leuchtkraft, ohne das Auge zu blenden. Man spürte den Duft des Sumac, der Orange und des Eukalyptus. Seit vielen Monaten hatte es nicht mehr geregnet, und die Erde war versengt, ausgetrocknet und geborsten. Gelegentlich sah man Hochwild in den Hügeln, und einmal, als man den Hügel hinaufwanderte, erschien ein Bär, verstaubt und rauhhaarig. Auf diesem Weg kamen oft Klapperschlangen vorbei, und gelegentlich sah man eine Krötenechse. Auf dem Pfad begegnete man selten jemandem. Es war ein staubiger, steinharter und äußerst stiller Pfad.
Gerade vor uns war eine Wachtel mit ihren Jungen. Es müssen mehr als ein Dutzend gewesen sein, regungslos saßen sie da, um ihre Nicht-Existenz vorzutäuschen. Je höher man kletterte, um so wilder wurde es; es gab überhaupt keine Wohnmöglichkeiten mehr, weil das Wasser fehlte. Es gab auch keine Vögel und

kaum einige Bäume. Die Sonne brannte sehr heiß, sie biß förmlich.
In dieser großen Erhabenheit war plötzlich dicht vor uns eine Klapperschlange, die schrill mit ihrem Schwanz klapperte und damit warnte. Man sprang zur Seite. Da war sie, die Klapperschlange mit ihrem dreieckigen Kopf, ganz zusammengerollt, mit ihren Rasseln in der Mitte und den Kopf gegen uns gerichtet. Man war einige Fuß von ihr entfernt, und in dieser Entfernung konnte sie uns nicht angreifen. Man starrte sie an, und sie starrte zurück mit ihren furchtlosen Augen. Man beobachtete sie einige Zeit in ihrer feisten Geschmeidigkeit, ihrer Gefährlichkeit, und man hatte keine Furcht. Dann, während man sie beobachtete, rollte sie ihren Kopf und ihren Schwanz gegen uns auf und bewegte sich rückwarts von uns hinweg. Da man sich auf sie zu bewegte, rollte sie sich wieder zusammen, mit ihrem Schwanz in der Mitte, bereit zuzustoßen. Wir spielten dieses Spiel für einige Zeit, bis die Schlange ermüdete und wir sie in Ruhe ließen und zum Meer hinuntergingen.
Es war ein hübsches Haus, dessen Fenster sich zum Rasen hin öffneten. Das Haus war im Innern weiß und wohlproportioniert. In kalten Nächten entzündete man ein Feuer. Es ist wunderschön, auf ein Feuer zu schauen, mit seinen tausend Flammen und vielen Schatten. Es war kein Laut zu hören, ausgenommen das Rauschen der ruhelosen See.
In dem Raum war eine kleine Gruppe von zweien oder dreien, die ganz allgemein über alles mögliche sprachen – über moderne Jugend, über das Kino und so fort. Dann sagte einer von ihnen: »Dürfen wir eine

Frage stellen?« Und es schien jammerschade, das blaue Meer und die Hügel zu stören. »Wir würden gerne fragen, was Zeit für Sie bedeutet. Wir wissen mehr oder weniger, was die Wissenschaftler darüber sagen und die science-fiction-Schreiber. Es scheint mir, daß der Mensch immer in dieses Problem der Zeit eingefangen war – in das ewige Gestern und Morgen. Von den ältesten Zeiten bis zum heutigen Tag hat die Zeit den Geist des Menschen beschäftigt. Philosophen haben darüber nachgedacht, und die Religionen haben ihre eigenen Erklärungen. Können wir darüber sprechen?«
Wollen wir in diese Frage tief eindringen, oder wünschen Sie, sie nur oberflächlich zu berühren und es dabei bewenden zu lassen? Wenn wir ernsthaft darüber sprechen wollen, müssen wir vergessen, was Religionen, Philosophen und andere gesagt haben – denn Sie dürfen wirklich keinem von ihnen glauben. Man mißtraut ihnen nicht nur aus stumpfer Gleichgültigkeit oder aus Arroganz, sondern man erkennt, daß man alle Autoritäten beiseite lassen muß, um herauszufinden. Wenn man dazu bereit ist, ist es vielleicht ganz einfach, diese Frage zu untersuchen.
Gibt es, abgesehen von der Uhr, überhaupt Zeit? Wir akzeptieren so viele Dinge; Gehorsam ist uns so eingeimpft worden, daß Anerkennung ganz natürlich erscheint. Aber gibt es überhaupt Zeit, abgesehen von den vielen Gestern? Ist Zeit eine Fortdauer – als gestern, heute und morgen –, und gibt es Zeit ohne das Gestern? Was gibt den tausend Gestern eine Fortdauer?
Eine Ursache bringt ihre Wirkung hervor, und die Wirkung wird ihrerseits zur Ursache; es gibt keine

Trennung zwischen ihnen, es ist *eine* Bewegung. Diese Bewegung nennen wir Zeit, und mit dieser Bewegung in unseren Augen und unserem Herzen sehen wir jegliches Ding. Wir sehen mit den Augen der Zeit und übertragen die Begriffe der Vergangenheit auf die Gegenwart; und diese Übertragung begegnet dem Morgen. Das ist die Kette der Zeit.

Das Denken, das in diesen Prozeß eingefangen ist, stellt die Frage: »Was ist Zeit?« Und diese forschende Frage kommt aus dem Mechanismus der Zeit. Darum hat das Nachforschen keinen Wert, denn der Gedanke *ist* Zeit. Das Gestern hat das Denken hervorgebracht, und so teilt der Gedanke den Zeitraum in gestern, heute und morgen ein. Oder er sagt: »Es gibt nur die Gegenwart«, und vergißt dabei, daß die Gegenwart selbst das Ergebnis des Gestern ist.

Unser Bewußtsein ist aus dieser Kette der Zeit entstanden, und innerhalb seiner Grenzen fragen wir: »Was ist Zeit? Und wenn es keine Zeit gibt, was geschieht mit gestern?« Solche Fragen liegen im Bereich der Zeit, und es gibt keine Antwort auf eine Frage, die vom Denken über die Zeit gestellt wird.

Oder gibt es kein Morgen und kein Gestern, sondern nur das Jetzt? Diese Frage wird nicht vom Denken gestellt. Sie wird gestellt, wenn die Struktur und die Natur der Zeit erkannt wird.

Gibt es tatsächlich ein Morgen? Natürlich gibt es diesen Zeitbegriff, wenn ich einen Zug erreichen muß; aber gibt es innerlich den Schmerz, das Vergnügen und den Erfolg von morgen? Oder gibt es nur das Jetzt, das nicht mit dem Gestern verknüpft ist? Zeit hört nur auf, wenn das Denken anhält. Und im Augenblick des

Anhaltens ist das Jetzt da. Dieses Jetzt ist keine Idee, es ist eine wirkliche Tatsache – aber nur, wenn der ganze Mechanismus des Denkens zu einem Ende gekommen ist. Das *Gefühl* des Jetzt ist gänzlich verschieden von dem *Wort*, das zur Zeit gehört. So wollen wir uns nicht durch Worte wie gestern, heute und morgen einfangen lassen. Die Verwirklichung des Jetzt ist nur in Freiheit möglich, und Freiheit hat nichts mit der Kultivierung des Denkens zu tun.

Dann erhebt sich die Frage: »Worin besteht die Handlung des Jetzt?« Wir kennen nur die Handlung, die aus der Zeit und der Erinnerung, dem Intervall zwischen gestern und der Gegenwart kommt. In diesem Intervall oder Zwischenraum beginnt alle Verwirrung und der Konflikt. Was wir wirklich wissen möchten, ist, was Handlung ist, wenn es überhaupt keinen Intervall gibt. Der bewußte Geist würde sagen: »Ich tat etwas spontan«, aber tatsächlich ist das nicht so. Es gibt keine Spontaneität, weil der Geist bedingt ist. Das Aktuelle ist die einzige Tatsache; das Aktuelle ist das Jetzt, und da das Denken unfähig ist, ihm zu begegnen, schafft es Vorstellungsbilder davon. In dem Abstand zwischen dem Bild und dem, was ist, liegt das Unglück, das das Denken geschaffen hat.

Zu sehen, was ist, ohne das Gestern, ist das Jetzt. Das Jetzt ist das Schweigen des Gestern.

Unschuld

Meditation ist eine niemals endende Bewegung. Sie können nie sagen, daß Sie meditieren oder für Meditation einen Zeitraum bestimmen. Sie geschieht nicht auf Befehl. Ihr Segen wird Ihnen nicht zuteil, wenn Sie ein systematisiertes Leben führen oder einer besonderen Routine oder Moral folgen. Sie kommt nur, wenn Ihr Herz wirklich geöffnet ist. Nicht geöffnet durch den Schlüssel des Denkens, nicht gesichert durch den Intellekt, sondern wenn es offen ist wie der wolkenlose Himmel; dann kommt sie ohne Ihr Wissen, ohne Ihre Einladung. Aber Sie können sie niemals bewahren, festhalten, anbeten. Wenn Sie es versuchen, wird sie niemals wiederkommen; Sie können tun, was Sie wollen, sie wird Sie meiden. In der Meditation sind Sie nicht wichtig, Sie haben darin keinen Platz; ihre Schönheit hat nichts mit Ihnen zu tun; sie ist Schönheit an sich. Und dazu können Sie nichts beitragen. Schauen Sie nicht aus dem Fenster in der Hoffnung, sie unversehens zu fangen, sitzen Sie nicht in einem verdunkelten Raum, um auf sie zu warten; sie kommt nur, wenn *Sie* überhaupt nicht da sind, und ihre Seligkeit hat keine Dauer.

Die Berge schauten hinab auf das endlose blaue Meer, das sich meilenweit erstreckte. Die Hügel waren fast kahl, sonnenverbrannt, mit kleinen Büschen, und in ihren Bodenfalten standen Bäume, von Sonne und Feuer versengt, aber sie waren noch da, sie gediehen und standen bewegungslos. Da war besonders ein Baum, eine gewaltige alte Eiche, die alle Hügel ringsherum zu beherrschen schien. Und auf dem Gipfel eines anderen Hügels stand ein toter Baum, vom Feuer verbrannt. Da stand er, nackt, grau, ohne ein einziges Blatt. Wenn man auf diese Berge schaute, auf ihre Schönheit und ihre Konturen, die sich gegen den blauen Himmel abhoben, schien dieser Baum allein den Himmel zu halten. Er hatte viele Zweige, die alle tot waren, und er würde niemals wieder den Frühling zu spüren bekommen. Dennoch war er intensiv lebendig, voller Würde und Schönheit. Man fühlte sich als ein Teil von ihm, allein und ohne jede Stütze, außerhalb der Zeit. Es schien so, als ob er für ewig dort sein würde, wie auch jene gewaltige Eiche im Tal. Der eine lebte, und der andere war tot, und beide waren die einzigen Dinge, die inmitten dieser Hügel von Bedeutung waren, sonnenverbrannt, versengt vom Feuer, auf den Winterregen wartend. Man sah in diesen beiden Bäumen das Ganze des Lebens, einschließlich des eigenen Lebens – einer lebendig, einer tot. Und Liebe lag zwischen ihnen, geborgen, unsichtbar, ohne Forderung.

Unterhalb des Hauses lebte eine Mutter mit ihren vier Jungen. Am Tage unserer Ankunft waren sie auf der Veranda, die Mutter Waschbär mit ihren vier Babies. Sie waren sofort freundlich – mit ihren scharfen, schwarzen Augen und weichen Pfoten; sie verlangten gefüttert zu werden, und zur gleichen Zeit waren sie nervös. Die Mutter war zurückhaltend. Am nächsten

Abend waren sie wieder da und nahmen ihre Nahrung aus unseren Händen, und man fühlte ihre sanften Pfoten. Sie waren leicht zu zähmen und zu verhätscheln, und man war über ihre Schönheit und ihre Bewegungen erstaunt. In einigen Tagen würden wir alle in sie vernarrt sein, und man fühlte die Unermeßlichkeit des Lebens in ihnen.

Es war ein lieblicher, klarer Tag, und jeder kleine Baum und Busch hob sich klar gegen die strahlende Sonne ab. Der Mann war aus dem Tal gekommen, den Hügel hinauf zu dem Haus, das über einen Wasserlauf schaute und jenseits davon über eine ganze Kette von Bergen. Nahe dem Hause standen ein paar Pinien und hochgewachsener Bambus.

Er war ein junger Mann voller Hoffnung, den die Brutalität der Zivilisation noch nicht berührt hatte. Alles, was er wünschte, war, ruhig zu sitzen, schweigend zu sein, und nicht nur durch die Hügel, sondern auch durch die Besänftigung seiner inneren Bedrängnis zum Schweigen zu gelangen.

»Welche Rolle spiele ich in der Welt? Welches ist meine Beziehung zu der bestehenden Ordnung? Was bedeutet dieser endlose Konflikt? Ich habe einen Schatz; wir schlafen zusammen, und doch ist das nicht alles. Es scheint alles wie ein ferner Traum, der verblaßt und zurückkommt, erregend in einem Augenblick, bedeutungslos im nächsten. Ich habe gesehen, wie einige meiner Freunde Drogen nehmen. Sie sind stumpfsinnig geworden, schwachköpfig. Vielleicht werde auch ich, selbst ohne Drogen, durch die Routine des Lebens und den Schmerz meiner inneren Einsamkeit stumpfsinnig gemacht. Unter diesen vielen Millionen Menschen bin ich ohne Belang. Ich werde den Weg gehen, den die anderen gegangen sind, und niemals auf ein Kleinod stoßen, das unvergänglich ist, das niemals gestohlen werden kann, das niemals trübe werden kann. Darum dachte ich, ich sollte hierher kommen und mit Ihnen sprechen, wenn Sie Zeit dafür haben. Ich bitte nicht um irgendwelche Antworten auf meine Fragen. Ich bin beunruhigt; obgleich ich noch sehr jung bin, bin ich bereits entmutigt. Ich sehe die alte, hoffnungslose Generation um mich herum mit ihrer Verbitterung, Grausamkeit, Heuchelei, ihrer Kompromißbereitschaft, ihrer Weltklugheit. Sie haben nichts zu geben, und, seltsam genug, ich wünsche auch nichts von ihnen. Ich weiß nicht, was ich wünsche, aber ich weiß, daß ich ein Leben führen muß, das inhaltsreich ist, das sinnvoll ist. Ich wünsche gewiß nicht, in irgendein Büro zu gehen und allmählich ein Jemand in diesem ziellosen, bedeutungslosen Leben zu werden. Und manchmal bringt mich die Einsamkeit und die Schönheit der fernen Sterne zum Weinen.«

Wir saßen einige Zeit still da, und die Pinie und der Bambus wurden vom Wind gestreift.

Die Lerche und der Adler hinterlassen auf ihrem Flug keine Spur; der Wissenschaftler hinterläßt eine Spur, wie es auch alle Spezialisten tun. Man kann ihnen Stufe um Stufe folgen und dem, was sie gefunden und angehäuft haben, weitere Stufen hinzufügen; und mehr oder weniger wissen wir, wohin das Anhäufen führt. Aber mit Wahrheit hat das nichts zu tun; sie ist wirklich ein pfadloses Land; sie mag schon an der nächsten Biegung der Landstraße sein oder tausend

Meilen entfernt. Sie müssen weitergehen, und dann werden Sie sie an Ihrer Seite finden. Aber wenn Sie anhalten und einen Weg ausfindig machen, auf dem Sie einem anderen folgen, oder wenn Sie einen Plan für Ihren eigenen Lebensweg aufstellen, wird Ihnen die Wahrheit niemals nahe kommen.

»Ist das poetisch oder aktuell?«

Was meinen Sie? Für uns muß jegliches Ding schablonenhaft sein, so daß wir etwas Praktisches damit tun können, etwas damit aufbauen können, es anbeten. Sie können einen Stecken ins Haus bringen, ihn auf ein Wandbrett stellen, jeden Tag eine Blume davor legen, und nach einigen Tagen wird er große Bedeutung haben. Der Geist kann jedem Ding einen Sinn geben, aber der Sinn, den er gibt, ist ohne Bedeutung. Wenn man fragt, welches der Zweck des Lebens ist, ist es das gleiche, als ob man jenen Stecken anbetet. Das Schreckliche ist, daß der Mensch immer neue Zwecke, neue Ziele, neue Freuden erfindet und sie immer zerstört. Er ist niemals ruhig. Ein Mensch, der in seiner inneren Ruhe reich ist, schaut niemals über das hinaus, was ist. Man muß beides sein, der Adler und der Wissenschaftler, wohl wissend, daß sich die beiden niemals begegnen können. Das bedeutet nicht, daß sie zwei getrennte Dinge sind. Beide sind notwendig. Aber wenn der Wissenschaftler der Adler werden möchte, und der Adler seine Fußspuren hinterläßt, beginnt das Elend in der Welt.

Sie sind ziemlich jung. Verlieren Sie niemals Ihre Unschuld und die Verwundbarkeit, die sie mit sich bringt. Das ist der einzige Schatz, den der Mensch haben kann und haben muß.

»Ist diese Verwundbarkeit das Ein und Alles des Daseins? Ist es der einzige, unschätzbare Edelstein, der entdeckt werden kann?«

Sie können nicht verwundbar sein ohne Unschuld, und obgleich Sie tausend Erfahrungen haben, tausend Lächeln und Tränen, wird der Geist nur unschuldig sein können, wenn Sie sich von ihnen lossagen. Nur der unschuldige Geist kann trotz seiner tausend Erfahrungen erkennen, was Wahrheit ist. Und nur die Wahrheit macht den Geist verwundbar, das heißt frei.

»Sie sagen, daß man die Wahrheit nicht erkennen kann, ohne unschuldig zu sein, und man kann nicht unschuldig sein, ohne die Wahrheit zu sehen. Das ist ein Teufelskreis, nicht wahr?«

Unschuld kann es nur geben, wenn das Gestern tot ist. Aber wir geben das Gestern nie preis. Wir behalten immer einen schäbigen Rest, ein brüchiges Überbleibsel von gestern, und das hält den Geist verankert, gebunden durch die Zeit. So ist Zeit der Feind der Unschuld. Man muß sich jeglichen Tag von jeglichem Ding lösen, das der Geist ergriffen hat und woran er festhält. Andernfalls gibt es keine Freiheit. In der Freiheit liegt Verwundbarkeit. Es kommt nicht eins nach dem anderen – es ist alles eine Bewegung, das Kommen und das Gehen. Es ist in Wirklichkeit die Fülle des Herzens, die unschuldig ist.

Sicherheit

Meditation ist das Entleeren des Geistes von dem Bekannten. Das Bekannte ist die Vergangenheit. Das Entleeren liegt nicht am Ende der Anhäufung, es bedeutet vielmehr, überhaupt nicht anzusammeln. Von dem, was gewesen ist, kann man sich nur in der Gegenwart entlasten, nicht durch Denken, sondern durch Handeln, durch das Tun im Gegebenen. Die Vergangenheit ist die Bewegung von einer gedanklichen Folgerung zur anderen und die Beurteilung dessen, was ist, durch die Schlußfolgerung. Jedes Urteil ist gedankliche Entscheidung, sei sie aus der Vergangenheit oder der Gegenwart, und diese Entscheidung verhindert die ständige Entlastung des Geistes von dem Bekannten; denn das Bekannte ist immer Schlußfolgerung, Feststellung.

Das Bekannte ist die Handlung des Willens, und der Wille in seiner Wirksamkeit ist die Fortdauer des Bekannten, darum kann die Willenshandlung den Geist unmöglich leer machen. Der leere Geist kann nicht auf dem Altar der Wünsche erworben werden; er entsteht, wenn das Denken seiner eigenen Betätigung gewahr ist – nicht, wenn der Denker seiner Gedanken gewahr wird.

In der Meditation ist der Geist unschuldig, gegenwärtig und daher immer allein. Der Mensch, der vollkommen allein ist, unberührt durch das Denken, hört auf anzuhäufen. Darum geschieht die Entleerung des Geistes immer in der Gegenwart. Für den Menschen, der allein ist, hört die Zukunft, die das Ergebnis der Vergangenheit ist, auf. Meditation ist eine Bewegung, nicht eine Schlußfolgerung, nicht ein Endziel, das es zu erreichen gilt.

Der Wald war sehr groß, mit Pinien, Eichen, Büschen und Rotholz. Ein kleiner Wasserlauf war da, der mit ständigem Gemurmel die Böschung hinabfloß. Es gab kleine Schmetterlinge, blaue und gelbe, die keine Blumen zu finden schienen, um darauf zu ruhen, und sie wurden abwärts getrieben, dem Tale zu.

Dieser Wald war sehr alt, und die Rotholzbäume waren noch älter. Es gab gewaltige Bäume von großer Höhe, und es herrschte jene besondere Atmosphäre, die sich einstellt, wenn der Mensch abwesend ist – mit seinen Kanonen, seinem Geschwätz und der Schaustellung seines Wissens. Keine Straße führte durch den Wald. Man mußte das Auto nach kurzer Strecke verlassen und auf einer Fährte entlangwandern, die mit Piniennadeln bedeckt war.

Ein Eichelhäher war da, der alle Tiere vor der menschlichen Annäherung warnte. Das Warnen hatte seine Wirkung, denn jede tierische Bewegung schien aufgehört zu haben, und man hatte das Gefühl, intensiv beobachtet zu werden. Die Sonne hatte es schwer, hier einzudringen, und es herrschte eine Stille, die man fast greifen konnte.

Zwei rote Eichhörnchen mit langen, buschigen Schwänzen kamen schnatternd den Pinienbaum herunter; ihre Krallen machten ein kratzendes Geräusch. Sie jagten einander rund um den Stamm herum, auf

und ab, mit einem ungestümen Vergnügen und Entzücken. Zwischen ihnen lag eine Spannung – der Zusammenklang von Spiel, Sex und Scherz. Sie amüsierten sich köstlich. Das Tier, das oben war, stoppte plötzlich und beobachtete das untere, das noch in Bewegung war; dann stoppte das untere auch, und sie schauten einander an, mit erhobenen Schwänzen und zuckenden Nasen, die gegeneinander gerichtet waren. Mit ihren scharfen Augen beobachteten sie sich gegenseitig und auch die Bewegung um sich herum. Sie hatten den Beobachter ausgezankt, der unter dem Baum saß, und jetzt hatten sie ihn vergessen. Aber sie waren auf der Hut voreinander, und man konnte das Ergötzen fast spüren, das sie an ihrer gegenseitigen Gesellschaft hatten. Ihr Nest muß hoch oben gewesen sein, und plötzlich wurden sie müde; das eine lief den Baum hinauf und das andere am Erdboden entlang und verschwand hinter einem anderen Baum.
Der Eichelhäher, blau, wachsam und neugierig, hatte sie und den Mann, der unter dem Baum saß, beobachtet, und auch er flog laut rufend davon.
Wolken kamen auf, und wahrscheinlich würde es in ein oder zwei Stunden ein Gewitter geben.

Sie war Analytikerin mit einem akademischen Grad und arbeitete in einer großen Klinik. Sie war ziemlich jung, modern gekleidet, den Rock bis oberhalb des Knies. Sie schien sehr angespannt zu sein, und man konnte sehen, daß sie erregt war. Bei Tisch war sie unnötigerweise gesprächig und betonte nachdrücklich, was sie über die Dinge dachte. Sie schien niemals durch das große Fenster auf die Blumen zu schauen, auf den Windhauch, der die Blätter bewegte, und auf den schlanken, großen Eukalyptus, der sich sanft im Winde wiegte. Sie aß wahllos, nicht sonderlich daran interessiert, was sie aß.

In dem anschließenden kleinen Raum sagte sie: »Wir Analytiker helfen kranken Menschen, sich in eine noch krankere Gesellschaft einzufügen, und wir haben manchmal, vielleicht sehr selten, Erfolg. Aber tatsächlich wird jeder Erfolg von der Natur selbst vollbracht. Ich habe viele Menschen analysiert. Ich liebe meine Tätigkeit nicht, aber ich muß meinen Lebensunterhalt verdienen, und es gibt so viele kranke Menschen. Ich glaube nicht, daß man ihnen sehr viel helfen kann, obgleich wir es natürlich immer mit neuen Drogen, Chemikalien und Theorien versuchen. Aber abgesehen von den Kranken kämpfe ich darum, anders zu sein – anders als der gewöhnliche Durchschnittsmensch.«

Sind Sie nicht in diesem Streben, anders zu sein, dasselbe wie die anderen? Und warum dieses ganze Sichmühen?

»Aber wenn ich nicht strebe, nicht kämpfe, werde ich nur wie die gewöhnliche bürgerliche Hausfrau sein. Ich möchte gern anders sein, und darum wünsche ich nicht zu heiraten. Aber ich bin wirklich sehr einsam, und meine Einsamkeit hat mich in diese Arbeit gedrängt.«

So wird diese Einsamkeit Sie allmählich zum Selbstmord treiben, nicht wahr?

Sie nickte; sie war fast in Tränen aufgelöst.

Führt nicht die ganze Tätigkeit des Bewußtseins zur Isolierung, zur Furcht und zu diesem unaufhörlichen

Kampf, anders zu sein? Alles gehört zu diesem Drang, sich zu erfüllen, sich mit etwas anderem oder mit dem, was man selbst ist, zu identifizieren. Die meisten Analytiker haben ihre Lehrer, nach deren Theorien und etablierten Schulen sie arbeiten, die sie nur etwas modifizieren und denen sie einen neuen Schnörkel hinzufügen.

»Ich gehöre der neuen Schule an; wir gehen ohne Symbole an die Arbeit und schauen der Realität tatsächlich ins Auge. Wir kümmern uns nicht mehr um die früheren Meister mit ihren Symbolen und sehen den Menschen, wie er ist. Aber das alles wird wieder zu einer anderen Schule, und ich bin nicht hier, um über die verschiedenen Schultypen, Theorien und Meister zu diskutieren, sondern vielmehr, um über mich selbst zu sprechen. Ich weiß nicht, was ich tun soll.«

Sind Sie nicht ebenso krank wie die Patienten, die Sie zu heilen versuchen? Sind Sie nicht Teil der Gesellschaft, die vielleicht noch verwirrter und kranker ist als Sie? So ist also das Problem tiefgehender, nicht wahr?

Sie sind das Resultat des gewaltigen Einflusses der Gesellschaft mit ihrer Kultur und ihren Religionen, die Sie antreibt, sowohl wirtschaftlich wie auch innerlich. Entweder müssen Sie mit der Gesellschaft Frieden schließen, das heißt, ihre Krankheiten annehmen und mit ihnen leben, oder sie total ablehnen und einen neuen Lebensweg finden. Aber Sie können den neuen Weg nicht finden, ohne den alten aufzugeben.

In Wirklichkeit wollen Sie Sicherheit, nicht wahr? Darin besteht das ganze Suchen des Denkens – anders zu sein, klüger zu sein, scharfsinniger, geistreicher. In diesem Prozeß suchen Sie eine große Sicherheit zu finden, nicht wahr? Aber gibt es so etwas überhaupt? Sicherheit verneint Ordnung. Es gibt keine Sicherheit in den Beziehungen, im Glauben, in der Handlung, und weil man sie sucht, schafft man Unordnung. Sicherheit erzeugt Unordnung, und wenn Sie der ständig anwachsenden Unordnung in sich selbst gegenüberstehen, möchten Sie das alles beenden.

In dem Bereich des Bewußtseins mit seinen weiten und engen Grenzen versucht das Denken immer einen sicheren Ort zu finden. Darum erzeugt das Denken Unordnung; Ordnung ist nicht das Ergebnis des Denkens. Wenn die Unordnung endet, dann ist Ordnung da. Liebe existiert nicht innerhalb des Denkbereichs. Gleich der Schönheit kann sie nicht durch einen Pinselstrich erlangt werden. Man muß die gesamte Unordnung in sich selbst aufgeben.

Sie wurde sehr still, zurückgezogen in sich selbst. Es fiel ihr schwer, den Tränen Einhalt zu gebieten, die über ihre Wangen herabliefen.

Die Leere

Schlaf ist ebenso wichtig wie sich wachzuhalten, vielleicht noch wichtiger. Wenn der Mensch während des Tages wachsam ist, in sich gesammelt, den inneren und äußeren Ablauf des Lebens beobachtet, dann stellt sich während der Nacht Meditation als ein Segen ein. Der Mensch wacht auf, und aus der Tiefe des Schweigens erhebt sich der Zauber der Meditation, den keine Einbildung und kein Flug der Phantasie jemals hervorbringen kann. Meditation geschieht, ohne daß der Geist sie je einlädt: Sie entsteht aus der Ruhe des Bewußtseins – nicht innerhalb, sondern außerhalb des Bewußtseins, nicht in der Peripherie des Denkens, sondern jenseits der Reichweite des Denkens. Darum gibt es keine Erinnerung daran, denn Erinnerung ist immer die Vergangenheit, und Meditation ist nicht das Wiederaufleben der Vergangenheit. Sie geschieht aus der Fülle des Herzens und nicht aus der Schärfe und Fähigkeit des Verstandes. Sie mag Nacht für Nacht geschehen, aber jedesmal, wenn man damit gesegnet wird, ist sie neu – nicht neu im Unterschied zu alt, sondern neu ohne den Hintergrund des Alten, neu in ihrer Mannigfaltigkeit und ihrem ständigen Wandel. So wird der Schlaf eine Sache von außerordentlicher Bedeutung, nicht der Schlaf der Erschöpfung, nicht der Schlaf, der durch Drogen und körperliche Beruhigung erzeugt wird, sondern ein Schlaf, der in dem Maße leicht und unbeschwert ist, wie der Körper sensitiv ist. Und der Körper wird durch Wachsamkeit sensitiv. Manchmal ist Meditation leicht wie ein Windhauch, der vorüberstreicht; zu anderen Zeiten ist ihre Tiefe jenseits allen Maßes. Aber wenn der Geist den einen oder den anderen Zustand als Erinnerung festhält, um darin zu schwelgen, dann hört die Verzückung der Meditation auf. Es ist wichtig, sie niemals zu besitzen oder ihren Besitz zu wünschen. Besitzgier darf niemals in die Meditation eindringen, denn Meditation hat keine Wurzel, noch irgend eine Substanz, daran der Geist sich halten kann.

Als wir kürzlich die tiefe Felsschlucht hinaufstiegen, die im Schatten der unfruchtbaren Berge zu beiden Seiten liegt, war sie voller Vögel, Insekten und der stillen Geschäftigkeit kleiner Tiere. Wir wanderten den sanften Hang höher und höher hinauf, bis zu einem Punkt, von dem aus man auf die Hügel und Berge der Umgebung schaute, auf denen das Licht der untergehenden Sonne lag. Es sah aus, als sei ein Leuchten in ihnen, das niemals ausgelöscht werden könne. Aber da man hinschaute, verblaßte das Licht, und im Westen wurde der Abendstern heller und heller. Es war ein lieblicher Abend, und irgendwie fühlte man das ganze Universum dicht neben sich und war umgeben von einer seltsamen Ruhe.
Wir haben kein Licht in uns; wir haben das künstliche Licht der anderen: das Licht des Wissens, das Licht, das Talent und Fähigkeit uns schenken. Licht von dieser Art schwindet dahin und wird zum Schmerz. Das Licht des Gedankens wird zu seinem eigenen

Schatten. Aber das Licht, das niemals vergeht, das tiefe innere Leuchten, das keine Sache des Marktes ist, kann keinem anderen gezeigt werden. Man kann es nicht suchen, man kann es nicht kultivieren, man kann es sich unmöglich einbilden oder darüber nachgrübeln, denn es liegt nicht innerhalb der Reichweite des Verstandes.

Er war ein Mönch von gewissem Ansehen, der sowohl in einem Kloster als auch allein außerhalb des Klosters gelebt hatte, suchend und von tiefem Ernst.

»Die Dinge, die Sie über Meditation sagen, scheinen wahr zu sein; sie liegt außerhalb unserer Reichweite. Das bedeutet doch wohl, daß es kein Suchen, kein Wünschen, keinerlei Geste nach dieser Richtung hin geben darf, weder die vorsätzliche Geste des Sitzens in einer besonderen Haltung noch eine besondere Einstellung dem Leben gegenüber oder gegenüber sich selbst? Was soll man also tun? Was haben Worte überhaupt für einen Sinn?«

Sie suchen aus Ihrer Leere heraus, Sie greifen nach außen, entweder, um diese Leere zu füllen oder ihr zu entrinnen. Diese nach außen gehende Bewegung aus innerer Armut ist begrifflich, spekulativ, dualistisch. Das bedeutet Konflikt, und er ist endlos. Greifen Sie darum nicht nach außen! Aber die Energie, die nach außen gegriffen hat, wendet sich nun nach innen, sucht und forscht und fragt nach etwas, das es nun »innerlich« nennt. Die beiden Bewegungen sind im wesentlichen das gleiche; sie müssen beide aufhören.

»Verlangen Sie einfach von uns, mit dieser Leere zufrieden zu sein?«

Gewiß nicht.

»So bleibt die Leere und eine bestimmte Art von Verzweiflung. Die Verzweiflung ist sogar noch größer, wenn man nicht einmal suchen darf!«

Ist es Verzweiflung, wenn Sie die Richtigkeit erkennen, daß die innere und äußere Bewegung ohne Bedeutung ist? Ist es Zufriedenheit mit dem, was ist? Ist es die Hinnahme dieser Leere? Es ist nichts dergleichen. Sie haben also das Nach-außen-Gehen, das Nach-innen-Gehen und das Annehmen von sich gewiesen. Sie haben alle Bewegungen des Geistes, der dieser Leere gegenübersteht, verworfen. Dann ist der Geist leer, denn die Bewegung ist der Geist selbst. Der Geist ist aller Bewegung bar, daher gibt es kein Wesen, das irgendeine Bewegung in Gang setzt. Lassen Sie ihn leer bleiben. Lassen Sie ihn leer *sein*. Der Geist hat sich von der Vergangenheit, der Zukunft und der Gegenwart gereinigt; er hat sich vom Werden geläutert, und Werden ist Zeit. Es gibt also keine Zeit; es gibt kein Messen und Werten. Ist es dann Leerheit?

»Dieser Zustand kommt und geht häufig. Selbst wenn es nicht die Leere ist, ist es gewiß nicht die Ekstase, von der Sie sprechen.«

Vergessen Sie, was gesagt worden ist. Vergessen Sie auch, daß es kommt und geht. Wenn es kommt und geht, gehört es der Zeit an; dann ist der Beobachter da, der sagt, »es ist hier, es ist gegangen«. Dieser Beobachter ist es ja, der mißt, vergleicht, wertet, darum ist es nicht das Leersein, von dem wir sprechen.

»Narkotisieren Sie mich?« Und er lachte.

Wenn das Messen und Werten und die Zeit aufgehört

haben, gibt es dann noch eine Grenze oder einen Umriß der Leerheit? Können Sie es dann überhaupt noch Leerheit oder Nichts nennen? Dann ist jegliches Ding darin, und nichts ist darin.

Die Sinne

Es hatte während der Nacht ein wenig geregnet, und jetzt, am frühen Morgen, da du aufstandest, spürtest du den starken Duft von Sumac, Salbei und feuchter Erde. Es war rote Erde, und rote Erde scheint einen stärkeren Geruch abzugeben als braune Erde. Nun lag die Sonne auf den Hügeln mit jener ungewöhnlichen Färbung von gebrannter Siena-Erde, und jeder Baum und jeder Strauch funkelte, frisch gewaschen vom Regen der letzten Nacht, und alles barst vor Freude. Es hatte seit sechs oder acht Monaten nicht geregnet, und du kannst dir vorstellen, wie sehr sich die Erde freute, und nicht nur die Erde, sondern alles darauf – die gewaltigen Bäume, der schlanke Eukalyptus, die Pfefferbäume und die Lebenseichen. Die Vögel schienen an diesem Morgen anders zu singen, und da du die Hügel und die fernen blauen Berge betrachtetest, warst du irgendwie darin verloren. Weder du selbst noch irgend etwas ringsherum existierte. Es gab nur diese Schönheit, dieses Unermeßliche, nur die sich entfaltende, sich ausdehnende Erde. Aus diesen Hügeln, die sich Meile um Meile erstreckten, kam an diesem Morgen eine Stille, die der eigenen Ruhe begegnete. Es war wie eine Begegnung von Erde und Himmel, und die Verzückung war ein Dankgebet.

Am selben Abend, da man die Felsschlucht zu den Hügeln hinaufstieg, war die rote Erde feucht unter den

Füßen, weich, nachgebend und voller Verheißung. Man stieg meilenweit steil aufwärts, und dann ging es plötzlich hinunter. Als man über die Bergkuppe kam, begegnete man diesem vollkommenen Schweigen, das sich über alles herniedersenkte, und beim Betreten des tiefen Tales wurde das Schweigen durchdringender, drängender, eindringlicher. Da gab es keinen Gedanken, nur das Schweigen war da. Da man hinunterging, schien es die ganze Erde zu bedecken, und es war erstaunlich, wie jeder Vogel und jeder Baum still wurde. Da war kein Lufthauch zwischen den Bäumen, und mit der Dunkelheit zogen sie sich in ihre Einsamkeit zurück. Es ist seltsam, wie sie während des Tages jedermann willkommen heißen, und jetzt waren sie mit ihren phantastischen Formen abweisend, zurückhaltend, in sich gekehrt. Drei Jäger gingen mit ihren mächtigen Bogen und Pfeilen vorüber, an ihren Stirnen waren elektrische Lampen festgeschnallt. Sie gingen, um Nachtvögel zu töten und schienen absolut unempfindlich für die Schönheit und das Schweigen um sie herum. Sie waren nur auf das Töten versessen, und es schien, als ob jegliches Ding sie beobachtete, erschreckt und voller Mitleid.

An diesem Morgen war eine Gruppe junger Leute zu dem Haus gekommen. Es waren ungefähr dreißig Studenten aus verschiedenen Universitäten. Sie waren in diesem Klima groß geworden und waren stark, gut genährt, schlank und begeistert. Nur einer oder zwei von ihnen saßen auf Stühlen, die meisten saßen auf dem Fußboden, und die Mädchen in ihren Mini-

röcken saßen unbequem. Einer der Jungen sprach mit zitternden Lippen und mit gebeugtem Haupt.
»Ich möchte ein Leben anderer Art führen, ich möchte nicht durch Sex und Drogen und diese Pöstchenjagerei gefesselt werden. Ich möchte außerhalb dieser Welt leben und bin doch in ihr gefangen. Ich habe sexuelle Beziehungen und bin am nächsten Tag äußerst deprimiert. Ich weiß, daß ich friedvoll leben möchte, mit Liebe im Herzen, aber ich werde durch meine Triebe zerrissen, durch die Anziehungskraft der Gesellschaft, in der ich lebe. Ich wünsche diesen Trieben zu gehorchen, dennoch rebelliere ich gegen sie. Ich möchte auf der Spitze des Berges leben, doch steige ich immer in das Tal hinab, wo sich mein Leben abspielt. Ich weiß nicht, was ich tun soll. Ich werde durch alles gelangweilt. Meine Eltern können mir nicht helfen, noch können es die Professoren, mit denen ich manchmal diese Dinge zu erörtern versuche. Sie sind ebenso verwirrt und elend, wie ich es bin, in Wirklichkeit noch mehr, weil sie viel älter sind.«
Wichtig ist, nicht zu irgend einer Festlegung zu kommen oder zu einer Entscheidung für oder gegen den Sex, nicht in begriffliche Ideologien eingefangen zu werden. Wir wollen auf das ganze Bild unserer Existenz schauen. Der Mönch hat das Gelübde der Keuschheit auf sich genommen, weil er glaubt, daß er die Beziehung zu einer Frau meiden muß, um seinen Himmel zu gewinnen. Aber für den Rest seines Lebens kämpft er gegen seine körperlichen Wünsche. Er befindet sich in Konflikt mit dem Himmel und mit der Erde und verbringt den Rest seiner Tage in Dunkelheit, das Licht suchend. Jeder von uns ist in diesen ideologi-

schen Kampf eingefangen, gerade so wie der Mönch, der von Verlangen verzehrt wird und versucht, es um der Verheißung des Himmels willen zu unterdrücken. Wir haben einen physischen Körper, und er hat seine Forderungen. Diese werden durch die Gesellschaft, in der wir leben, ermutigt und beeinflußt, durch Werbungen, durch halbnackte Mädchen, durch das Beharren auf Spaß, Vergnügen, Unterhaltung und durch die Moral der Gesellschaft, die Moral der sozialen Ordnung, die Unordnung und Unmoral ist. Wir werden körperlich stimuliert, durch mehr und schmackhaftere Nahrung, durch Trinken und Television. Das ganze moderne Leben macht die Sexualität zum Brennpunkt Ihrer Aufmerksamkeit. Sie werden in jeder Weise stimuliert – durch Bücher, durch Unterhaltung, durch eine Gesellschaft, die sehr vieles zuläßt. Das alles umgibt Sie; es ist nicht gut, einfach die Augen davor zu schließen. Sie müssen diese ganze Lebensweise sehen, mit ihren absurden Glaubenssätzen und Einteilungen, und die völlige Bedeutungslosigkeit eines Lebens, das in einem Büro oder in einer Fabrik zugebracht wird. Und am Ende von allem steht der Tod. Sie müssen dieses ganze Durcheinander sehr klar sehen.

Schauen Sie nun aus dem Fenster und sehen Sie diese prachtvollen Berge, die vom Regen der letzten Nacht frisch gewaschen wurden, und jenes ungewöhnliche Licht von Kalifornien, das es nirgendwo sonst gibt. Sehen Sie die Schönheit des Lichts auf jenen Hügeln. Sie können die klare Luft förmlich riechen und die Neubelebung der Erde. Je empfänglicher Sie dafür sind, umso sensitiver empfinden Sie dieses unermeßliche, unglaubliche Licht und die Schönheit; je mehr Sie damit eins sind, umso mehr wird Ihre Wahrnehmung gesteigert. Das ist auch sinnenhaft zu verstehen, wie das Anschauen eines Mädchens. Sie können diesen Berg nicht mit den Sinnen aufnehmen und sie dann abschalten, wenn Sie das Mädchen sehen. Auf diese Art teilen Sie das Leben ein, und in dieser Trennung liegen Leid und Konflikt. Wenn Sie den Berggipfel von dem Tal trennen, sind Sie in Konflikt. Das bedeutet nicht, daß Sie den Konflikt vermeiden oder ihm entfliehen sollen, oder sich so in Sexualität oder einen anderen Trieb verlieren, daß Sie sich damit dem Konflikt entziehen. Den Konflikt zu verstehen bedeutet nicht, zu vegetieren oder wie eine Kuh zu werden.

Wer das alles versteht, ist nicht darin eingefangen, ist nicht davon abhängig. Das bedeutet, niemals irgend etwas zu verneinen, niemals zu einer Schlußfolgerung zu kommen oder irgendeinen ideologischen Zustand, ein Wortgebilde oder Prinzip zu ergreifen, nach dem Sie zu leben versuchen. Die bloße Wahrnehmung dieses ganzen Bereichs, der entfaltet wird, ist bereits Intelligenz. Und diese Intelligenz wird handeln und nicht eine Schlußfolgerung, eine Entscheidung oder ein ideologisches Prinzip.

Unsere Körper sind abgestumpft worden, ebenso wie unser Geist und unser Herz unempfindlich gemacht worden sind durch unsere Erziehung, durch unsere Anpassung an die Norm, die die Gesellschaft gesetzt hat und die die Sensitivität des Herzens verneint. Sie schickt uns in den Krieg, zerstört all unsere Schönheit, Zartheit und Freude. Die Wahrnehmung dieser Dinge, nicht verbal oder intellektuell, sondern tatsächlich, macht unseren Körper und unseren Geist in hohem

Maße sensitiv. Der Körper wird dann die richtige Nahrung verlangen. Der Geist wird dann nicht durch Worte, Symbole, durch Plattitüden des Denkens eingefangen werden. Dann werden wir wissen, wie wir sowohl im Tal wie auch auf dem Gipfel des Berges zu leben haben. Dann wird es keine Trennung, keinen Widerspruch zwischen den beiden geben.

Klarheit

Nach dem langen Regen war der Morgen wundervoll klar und rein. An den Bäumen hatten sich zarte junge Blätter entfaltet, die in der kühlen Seebrise munter tanzten. Das Gras war grün und voller Saft, und die Rinder machten sich heißhungrig darüber her, als ob sie wüßten, daß ihnen diese ganze Herrlichkeit nur für ein paar kurze Monate beschert war. Der Duft des Gartens wehte durchs Zimmer, und draußen schrien und lachten die Kinder. Die Palmen trugen goldene Kokosnüsse, und die mächtigen wedelnden Blätter der Bananenstauden waren noch nicht von Alter und Wind zerschlissen. Wie schön war diese Erde, welch ein Gesang von Farbe und Licht! Jenseits des Dorfes, hinter den großen Häusern und dem lichten Gehölz breitete sich in strahlender Helle das Meer und sandte seine Brecher mit Donnergetöse gegen den Strand. Weit draußen tanzte ein kleines Fahrzeug, das nur aus ein paar zusammengelaschten Balken bestand, und in ihm saß ein einsamer Fischer.

Sie war noch sehr jung – in den zwanziger Jahren – und noch nicht allzulange verheiratet, dennoch hatte die Zeit schon ihre Spuren an ihr hinterlassen. Sie sagte, sie stamme aus guter Familie, habe eine ausgezeichnete Bildung genossen und sei von früh auf an angestrengte geistige Arbeit gewöhnt, was ihr ermöglicht habe, den Doktorgrad mit Auszeichnung zu erlangen.

Man sah ihr auf den ersten Blick an, daß sie ein kluger, aufgeweckter Mensch war. Als der Beginn erst überstanden war, floß ihr die Rede leicht von den Lippen, dann aber schien sie sich auf sich selbst zu besinnen, denn plötzlich wurde sie verlegen und stumm. Sie wolle sich endlich einmal alles von der Seele reden, sagte sie, denn bisher habe sie noch mit keinem Menschen über ihr Problem gesprochen, nicht einmal ihre Eltern wüßten davon. Ganz allmählich, immer wieder stockend und zögernd, fand sie Worte für das, was sie bedrückte. Worte drücken ja nur auf einer gewissen Ebene genau das aus, was wir meinen, in den weitaus meisten Fällen erlaubt ihr oft recht weitgespannter Sinngehalt nur eine entstellende oder unvollständige Wiedergabe dessen, was der Sprechende eigentlich zum Ausdruck bringen möchte, so daß beim Hörer ganz ohne Absicht ein falscher Eindruck entsteht. Die junge Frau wollte mir viel mehr sagen, als sie in Worten wiedergeben konnte, und hatte damit auch Erfolg. Trotz besten Willens brachte sie es nicht über sich, die ganze Misere ihres ehelichen Daseins vor mir auszubreiten, aber ihr Verstummen allein genügte, um mir das Elend und die unerträgliche Bitternis einer ehelichen Beziehung vor Augen zu führen, die nur noch auf dem Papier bestand. Ihr Mann hatte sie geschlagen und war dann auf und davon gegangen. Jetzt war sie mutterseelenallein, denn ihre kleinen Kinder konnten ihr einen Lebensgefährten noch nicht ersetzen. Was sollte sie tun? Zu ihm zurückkehren? Wieder unter einem Dach mit diesem Menschen wohnen?

Wie wichtig ist uns der Ruf, den wir genießen! Fragen wir uns nicht immerzu: »Was werden die Leute sagen?« Kann man, besonders als verheiratete Frau, allein leben, ohne daß man ins Gerede kommt? Der gute Ruf ist ein Deckmantel für den Heuchler. In Gedanken begehen wir jedes Verbrechen, aber nach außen hin stehen wir untadelig da. Auch meine Besucherin bangte um ihren Ruf, darum wußte sie jetzt nicht ein noch aus. Seltsam, wenn wir mit uns im reinen sind, dann mag geschehen, was will, es ist uns immer recht. Besitzen wir diese innere Klarheit, dann nehmen wir ohne Widerspruch hin, was *ist*, auch wenn es nicht zu unseren Wünschen passen will. Das, was *ist*, macht uns zufrieden, sobald wir seiner vorbehaltlos innewerden. Aber wie schwer ist es, innere Klarheit zu besitzen!

»Wie soll ich mir je darüber klar werden, was ich zu tun habe?«

Handeln ist keine Folge der Klarheit, sondern Klarheit *ist* Handeln. Sie beschäftigen sich immerzu mit der Frage, was Sie tun sollen, und vergessen darüber, zunächst einmal Klarheit zu schaffen. Sie sind zerrissen zwischen der Sorge um Ihren Ruf und dem, was Sie tun möchten, zwischen Ihrer Hoffnung und dem, was *ist*. Ihr doppeltes Verlangen, einmal nach einem makellosen Ruf, zum anderen nach einer idealen Lösung Ihres Problems, stürzt Sie in Konflikt und Verwirrung. Klarheit gewinnen Sie nur, wenn Sie mutig dem ins Auge schauen, was *ist*. Das, was *ist*, muß klar von dem unterschieden werden, was sein *sollte*. Das letztere ist nämlich nur unser eigenes, in eine entstellende Schablone gepreßtes Verlangen. Das, was *ist*, aber ist die Wirklichkeit, nicht das Erwünschte, sondern die Tatsache. Vielleicht haben Sie Ihr Problem noch nie in dieser

Weise betrachtet, wahrscheinlich haben Sie nur angestrengt nachgedacht oder schlau berechnet, eins gegen das andere abgewogen, Pläne gefaßt und wieder verworfen, bis Sie zuletzt völlig durcheinander waren und überhaupt nicht mehr wußten, was Sie tun sollten. Welche Entscheidung Sie in diesem Zustand innerer Unklarheit und Verwirrung auch treffen, sie kann immer nur weitere Unklarheit und Verwirrung zur Folge haben. Versuchen Sie, das einmal ganz einfach und unmittelbar zu sehen. Wenn es Ihnen gelingt, dann werden Sie imstande sein, das, was *ist*, unentstellt zu erkennen. Das Unbedingte handelt aus sich selbst. Wenn also über das, was *ist*, Klarheit herrscht, dann werden Sie sehen, daß Ihnen keine Wahl mehr bleibt, weil Sie wissen, wie Sie handeln müssen. Es wird also nicht mehr die Frage sein, was Sie tun sollen, denn diese Frage erhebt sich nur, wenn die Unsicherheit einer Wahl gegeben ist. Handeln aus der Fülle bedarf keiner Wahl, alles vom Verstand gewählte Handeln ist ein Handeln aus der Verwirrung.

»Ich beginne zu begreifen, was Sie sagen wollen: Ich muß mir innere Klarheit verschaffen und darf mich dabei weder von der Sorge um meinen Ruf noch von selbstsüchtiger Berechnung oder materiellem Denken leiten lassen. Im Augenblick sehe ich wohl klar, aber ich werde es wohl schwer haben, mir diese Klarheit zu erhalten, meinen Sie nicht auch?«

Nein, keineswegs. Erhalten heißt Widerstreben. Es geht für Sie nicht darum, sich die Klarheit zu erhalten und der Verwirrung zu widerstreben, Sie erleben vielmehr, was Verwirrung ist, und kommen zu der Einsicht, daß alles aus der Verwirrung hervorgegangene

Handeln nur noch größere Verwirrung hervorbringt. Wenn Sie das alles erleben, nicht weil es Ihnen ein anderer gesagt hat, sondern weil Sie es selbst unmittelbar einsehen, dann sind Sie sich im klaren über das, was *ist*. Diese Klarheit brauchen Sie sich nicht zu erhalten, sie ist ganz einfach da.
»Jetzt weiß ich genau, was Sie wollen. Ja, ich habe jetzt Klarheit, das wäre also entschieden. Wie steht es aber nun um die Liebe? Mir scheint, wir wüßten nicht recht, was Liebe bedeutet. Ich wenigstens glaubte zu lieben und sehe jetzt, daß es nicht stimmt.«
Nach dem, was Sie mir erzählten, haben Sie doch geheiratet, weil Sie sich vor dem Alleinsein fürchteten und weil Sie ein physisches Bedürfnis danach empfanden. Jetzt wissen Sie, daß das alles mit Liebe nichts zu tun hat. Vielleicht nannten Sie Ihre Empfindungen damals Liebe, um sie gewissermaßen gesellschaftsfähig zu machen, aber in Wirklichkeit verbarg sich unter dem Deckmantel dieser sogenannten ›Liebe‹ ein ganz nüchternes Übereinkommen. Für die meisten Menschen *ist* dieser ganze vernebelnde Qualm das, was sie unter Liebe verstehen: Angst vor der Unsicherheit des Daseins, vor der Einsamkeit, vor einer sinn- und zwecklosen Existenz, vor einem unversorgten Alter und so weiter. Aber alle diese Vorstellungen stammen doch nur aus dem Denken und haben darum offenbar mit Liebe nicht das geringste gemein. Alles Denken ist auf Wiederholung aus, und Wiederholung macht jede Beziehung schal. Denken ist ein verschwenderischer Vorgang, es kann sich nicht erneuern, es spult sich nur immerzu ab wie ein endloser Faden. Was aber nur Dauer besitzt, kann nie frisch und neu geboren sein.

Denken reizt die Sinne, Gedanken sind sinnlich, sie sind der Ursprung aller sexuellen Nöte. Das Denken kann nie ein Ende finden, um einmal neu und schöpferisch zu sein, es kann nie etwas anderes werden als es ist, nämlich Reiz der Sinne. Denken ist immer das Abgestandene, das Vergangene, das Alte; Denken kann niemals neu sein. Wie Sie sehen, hat Liebe mit Denken nichts gemein. Liebe ist da, wo kein Denker ist. Der Denker ist nichts anderes als der Gedanke, Gedanke und Denker sind eins, der Denker *ist* der Gedanke.

Liebe ist kein Reiz für die Sinne, sie ist eine Flamme ohne Rauch. Sie werden der Liebe teilhaftig, wenn Sie als denkendes Subjekt nicht mehr sind. Aber Sie können sich als denkendes Subjekt nicht für die Liebe opfern. Da nämlich die Liebe nichts mit dem Denken gemein hat, läßt sie sich auch nicht durch absichtsvolles, zweckbestimmtes Handeln erzwingen. Die Erziehung, der Wille zur Liebe sind Früchte des Nachdenkens über die Liebe, und alles Nachdenken über die Liebe ist nur Reiz für die Sinne. Der Verstand kann nicht über die Liebe nachdenken, weil sie ihm unerreichbar ist. Der Verstand besitzt Dauer, die Liebe ist unerschöpflich. Das Unerschöpfliche ist immer neu, was Dauer besitzt, lebt in ständiger Furcht vor dem Ende. Nur was ein Ende hat, weiß um die ewige Neugeburt der Liebe.

Ideologie

»Das ganze Gerede über Psychologie, unterbewußte Regungen und so weiter ist nichts als Zeitverschwendung. Was die Menschen brauchen, ist Arbeit und Brot. Ist das, was Sie sagen, nicht eine bewußte Irreführung Ihrer Zuhörer, da es doch auf der Hand liegt, daß es in allererster Linie darauf ankommt, die wirtschaftlichen Fragen in Angriff zu nehmen? Sie mögen ja recht haben und vielleicht sogar Erfolge erzielen, aber was nutzt das alles, solange die Menschen hungern? Zuerst muß man etwas im Magen haben, sonst kann man weder denken noch etwas tun.«

Natürlich muß man etwas im Magen haben, wenn das Leben weitergehen soll, aber Nahrung für alle findet sich nur dann, wenn unser ganzes Denken *vorher* eine grundstürzende Umwandlung erfährt. Eben darum ist es so wichtig, das Problem von der geistigen Seite her aufzurollen. Für Sie selbst ist ja auch die Ideologie viel wichtiger als die Produktion von Nahrungsmitteln. Gewiß, Sie reden gern davon, daß man den Armen Brot geben und sich um sie kümmern müsse, aber Hand aufs Herz, geht es Ihnen nicht auch dabei in erster Linie um Ihre Lehre, Ihre Ideologie?

»Das mag sein, aber die Ideologie ist für uns doch nur das Mittel, die Menschen zum kollektiven Handeln zusammenzuscharen. Das erste ist immer die Idee, der Plan – die Aktion ist dann die notwendige Folge.«

Demnach befassen auch Sie sich in erster Linie mit den geistigen Grundlagen, die das herbeiführen sollen, was Sie Aktion nennen. Ihre Behauptung, man führe die Menschen bewußt in die Irre, wenn man mit ihnen von Psychologie und geistigen Dingen spreche, ist also offenbar nicht grundsätzlicher Natur. Jedenfalls machen Sie dabei mit Ihrer eigenen Ideologie eine Ausnahme, und weil sie Ihrer Meinung nach die einzig vernünftige ist, deshalb halten Sie alles weitere Forschen und Denken für zwecklos. Ist es nicht so? Um Ihre Ideologie zu verwirklichen, brauchen Sie kollektives Handeln, darum verurteilen Sie jede weitere Ergründung seelischer Zusammenhänge nicht nur als harmlose Zeitverschwendung, sondern als gefährliche Ablenkung von Ihrem Hauptziel: der Errichtung einer klassenlosen Gesellschaft mit Vollbeschäftigung und so weiter und so weiter.

»Unsere Ideologie ist das Ergebnis eines umfassenden Studiums der Geschichte und beruht auf der kritischen Auswertung der dabei festgestellten Tatsachen und Zusammenhänge. Sie ist also in Wahrheit eine Ideologie der reinen Tatsachen und unterscheidet sich dadurch grundlegend von all dem dummen Aberglauben, den die Religionen den Menschen weismachen wollen. Hinter unserer Ideologie steht die unmittelbare Erfahrung, nicht nur irgendwelche Erscheinungen und Illusionen.«

Was Sie eben sagten, bedarf der Richtigstellung. Die Ideologien und Dogmen der organisierten Religionen beruhen nicht minder auf Erfahrung als Ihre eigene Lehre, meist handelt es sich dabei um das Erleben ihrer Stifter und ersten Lehrer. Auf alle Fälle liegen auch ihnen geschichtliche Tatsachen zugrunde. Nach dem, was Sie sagen, ist Ihre Ideologie ein Ergebnis gründlichen Studiums, bei dem Vergleiche angestellt, einzelne Tatsachen hervorgehoben, andere verworfen wurden. Die daraus gewonnenen Schlußfolgerungen mögen also wirklich auf Erfahrung beruhen. Warum verwerfen Sie aber dann kurzerhand die Ideologien anderer Leute als Illusionen, obwohl sie ebenfalls aus der Erfahrung stammen? Sie sammeln die Menschen um Ihre Lehre, die anderen auch, Sie rufen nach kollektiver Aktion, die anderen tun in abgewandelter Form das gleiche. In jedem Fall ist das, was Sie kollektive Aktion nennen, die Auswirkung einer Idee, es geht also immer in erster Linie um Ideen, ob positive oder negative, die dem gemeinsamen, wenn Sie wollen kollektiven Handeln Schwung und Richtung geben müssen. Jede Ideologie hat ihren Schatz an Erfahrungen hinter sich, aber Sie wollen die Erfahrungen der anderen nicht gelten lassen, und die anderen geben Ihnen darin nichts nach. Dort heißt es, Ihr System sei eine undurchführbare Utopie, es mache die Menschen zu Sklaven des Staats und so weiter; Sie selbst bezeichnen dafür die Gegenseite als Kriegshetzer, deren Methoden über kurz oder lang zum allgemeinen Zusammenbruch führen müßten. Beiderseits spielt also die Ideologie die führende Rolle, nicht etwa die Nahrung und das Glück der Menschen. Zwei Ideologien ringen miteinander um den Sieg – und der Mensch ist ganz vergessen.

»Der Mensch muß um des Menschen willen vergessen sein. Wir opfern die Lebenden für eine bessere Zukunft.«

Das heißt, ihr vernichtet die Gegenwart zugunsten eines angeblich Kommenden. Ihr maßt euch an, im Namen des Staates Vorsehung zu spielen, wie es die Kirche im Namen Gottes getan hat. Ihr habt beide euren Gott und eure Bibel, ihr habt beide eure berufenen Dolmetscher, die Priester, und wehe dem, der es wagt, von der amtlich beglaubigten Wahrheit abzuweichen. Ich sehe wirklich keinen großen Unterschied zwischen hüben und drüben, ihr seid einander sehr ähnlich, eure Ideologien mögen grundverschieden sein, aber die Methoden sind mehr oder weniger die gleichen. Ihr seid beide darauf aus, das Jetzt für die Zukunft zu opfern – als ob ihr genau wüßtet, was die Zukunft bringt, als ob sie eine vorbestimmte Größe wäre und ihr das Monopol darauf hättet! Dabei wißt ihr beide vom Morgen so wenig wie jeder andere. In der Gegenwart wirken ja so viele unwägbare Einflüsse, die alle zusammen das Bild der Zukunft ausmachen. Ihr versprecht beide einen Lohn, ein Utopia, einen zukünftigen Himmel, aber die Zukunft gehorcht keinem ideologischen Gesetz. Ideen befassen sich immer mit der Vergangenheit oder der Zukunft, nie aber mit der Gegenwart. Die Gegenwart entzieht sich jeder Idee, jedem Denken, denn Gegenwart ist ausschließlich Handeln, das einzige Handeln, das es gibt, alles andere Handeln ist ein Verzögern, ein Aufschieben und daher überhaupt kein Handeln. Handeln, das auf einer Idee von Vergangenem oder Zukünftigem beruht, ist Untätigkeit, Handeln gibt es nur in der Gegenwart, im Jetzt. Die Idee ist in der Vergangenheit oder in der Zukunft zu Hause, es gibt keine Idee von der Gegenwart. Für einen Ideologen sind Vergangenheit und Zukunft feste, berechenbare Größen, da er ja selbst ganz in der Vergangenheit oder in der Zukunft lebt. Kein Ideologe lebt in der Gegenwart, für ihn besteht das Leben immer nur aus Vergangenem und Zukünftigem, nie aber aus dem Jetzt. Jede Idee stammt aus der Vergangenheit und bahnt sich den Weg durch die Gegenwart in die Zukunft. Für den Ideologen ist also die Gegenwart nur der Übergang in die Zukunft und daher nicht von Bedeutung, was gehen ihn die Mittel an, ihn interessiert nur das Ziel. Das Ziel steht ja fest, die Zukunft ist ihm bekannt, darum mag getrost zugrundegehen, wer sich ihm auf dem Weg dorthin entgegenstellt.

»Die Grundlage allen Handelns ist doch die Erfahrung, von ihr nehmen alle Ideen und Erklärungen ihren Ausgang. Sie werden der Erfahrung doch nicht ihren Wert absprechen! Handeln ohne den Rahmen einer Idee ist anarchisch und führt zum Chaos, Leute, die so etwas tun, pflegt man doch ins Irrenhaus zu stecken. Wollen Sie sich wirklich dafür einsetzen, daß die Menschen bei ihren Handlungen auf das Bindemittel der Idee verzichten? Wie können sie je etwas zustandebringen, ohne daß zuallererst die Idee feststünde?«

Wie Sie selbst sagen, sind Ideen, Erklärungen, Schlußfolgerungen Früchte der Erfahrung. Ohne Erfahrung gibt es kein Wissen, ohne Wissen ist kein Handeln denkbar. Folgt die Idee auf das Handeln oder ist die Idee vor dem Handeln da? *Sie* behaupten, die Erfahrung, die Idee, sei das erste, dann erst komme das Handeln, nicht wahr? Was verstehen Sie unter Erfahrung?

»Erfahrung ist das Wissen eines Lehrers, eines Schriftstellers oder eines Revolutionärs, sie ist das Wissen, das sich aus den Studien des Betreffenden, seinen persönlichen Erfahrungen und den Erfahrungen anderer zusammensetzt. Aus solchen Kenntnissen und Erfahrungen kristallisieren sich die Ideen und ergeben jenes ideologische Gefüge, das sich schließlich zur Aktion verdichtet.«

Ist Erfahrung der einzige Prüfstein, der allein gültige Maßstab für unsere Ideen? Was verstehen wir denn unter Erfahrung? Das Gespräch, das wir hier miteinander führen, ist zum Beispiel eine Erfahrung. Sie antworten auf Reize, und diese Reaktion auf eine Herausforderung ist doch eine Erfahrung, nicht wahr? Herausforderung und Reaktion sind ein fast gleichzeitiger Vorgang, sie sind ein ununterbrochenes Geschehen vor dem Hintergrund des Ichs. Dieser Hintergrund reagiert auf die Herausforderung, und die Reaktion ist doch nichts anderes als die Erfahrung, nicht wahr? Die Reaktion aus dem Hintergrund des Ichs ist aber immer subjektiv gefärbt, daher ist auch die Erfahrung, und damit die Idee, etwas durchaus Bedingtes, von der Person des Erfahrenden Abhängiges. Handeln, das auf einer Idee beruht, ist also notwendig ebenfalls bedingt und eng begrenzt. Wenn zwei Erfahrungen oder Ideen einander widersprechen, kommt es nie zu einer Synthese, sondern zu neuem Widerstreit. Gegensätze fügen sich überhaupt nie zur Synthese, ein Ausgleich wäre nur denkbar, wenn kein Gegensatz bestünde, aber Ideen brüten ständig Gegensätze und damit den Konflikt der Gegensätze aus. Konflikt kann aber unter keinen Umständen zur Synthese führen.

Wir haben gehört, Erfahrung sei die Reaktion des Hintergrundes des Ichs auf die Herausforderung. Dieser Hintergrund ist der Einfluß der Vergangenheit, und die Vergangenheit ist das Erinnern. Die Reaktion des Erinnerten ist die Idee. Eine Ideologie, die sich aus Erinnerung – die den stolzen Namen Erfahrung trägt – und aus Wissen zusammensetzt, kann niemals revolutionär sein. Sie mag sich revolutionär nennen, aber darum wird doch nichts anderes aus ihr als eine abgewandelte Fortdauer der Vergangenheit. Auch eine dem Bestehenden entgegengesetzte Ideologie oder Doktrin ist immer nur Idee, und alles, was Idee heißt, stammt aus der Vergangenheit. Keine Ideologie ist *die* Ideologie, aber wenn Sie etwa zugeben würden, daß Ihre Ideologie, wie jede andere, eng, abhängig und voreingenommen ist, dann hätten Sie keinen Zulauf. Sie *müssen* sagen, Ihre Lehre sei die einzige, die der Welt die Rettung bringen könne, das ist ein zugkräftiges Schlagwort, und da die meisten Menschen für Schlagworte zu haben sind, laufen sie Ihnen nach, um sich ebenso gründlich ausbeuten zu lassen, wie es ihren Ausbeutern selbst widerfährt.

Handeln auf Grund einer Idee kann unmöglich befreiend wirken, es wird vielmehr immer binden und abhängig machen. Zweckbestimmtes, zielbewußtes Handeln ist auf die Länge gesehen unwirksam, obwohl es sich für den Augenblick sehr lebendig ausnehmen kann. Solches Handeln führt immer zur Selbstzerstörung, wie wir im täglichen Leben leicht beobachten können.

»Können wir uns denn je von Abhängigkeit befreien? Wir glauben nicht daran.«

Schon wieder sitzen Sie hinter den Gitterstäben einer Idee, einer Überzeugung. Sie glauben dies, ein anderer glaubt es nicht, Sie sind beide die Gefangenen Ihrer verschiedenen Überzeugungen, und was Sie als Erfahrung registrieren, entspricht natürlich genau Ihren Bindungen und Abhängigkeiten. Wir können nur herausfinden, ob wir uns von diesen Bindungen freimachen können, wenn wir uns über das Wesen geistiger Abhängigkeit und Beeinflussung Rechenschaft geben. Sobald wir dieser Zustände und Vorgänge vorbehaltlos innewerden, gewinnen wir Selbsterkenntnis. Selbsterkenntnis allein aber befreit uns aus aller Knechtschaft und Abhängigkeit.

Schönheit

Das Dorf war recht schmutzig, aber um die einzelnen Hütten herum herrschte Ordnung und Sauberkeit. Die Eingangsstufen wurden offenbar täglich gewaschen und mit Blumen geziert, der Innenraum war reinlich und aufgeräumt, wenn auch vom Kochen etwas verräuchert. Die ganze Familie war versammelt. Vater, Mutter und die Kinder, die alte Dame, die bei ihnen saß, war offenbar die Großmutter. Sie machten alle einen heiteren und überraschend zufriedenen Eindruck. Eine mündliche Verständigung mit ihnen war nicht möglich, da wir ihre Sprache nicht beherrschten. Niemand kam in Verlegenheit, als wir uns setzten, man ließ sich nicht in der Arbeit stören, nur die Kinder, ein Junge und ein Mädchen, kamen herbei und setzten sich freundlich lächelnd zu uns. Die Abendmahlzeit war beinahe fertig, das Essen war einfach und nicht übertrieben reichlich. Als wir uns verabschiedeten, kamen alle mit vor das Haus und blickten uns nach. Die Sonne stand über dem Strom und verbarg sich hinter einer riesigen, einzelnen Wolke, die wie ein Feuerbrand loderte. In ihrem Widerschein erglühten die stillen Wasser und erinnerten unwillkürlich an längst vergessene Waldbrände.

Die langen Häuserzeilen waren durch einen ziemlich breiten Weg voneinander geschieden. Zu seinen beiden Seiten liefen offene, schlammige Gossen entlang, die eine Brutstätte unvorstellbaren Grauens waren. Man sah, wie sich große weiße Würmer durch die schwarze, schleimige Masse wühlten, die die Rinnen bis zum Rand erfüllte. Auf dem Wege tollten die Kinder lachend und scherzend umher, sie waren so in ihre Spiele vertieft, daß sie den Vorübergehenden keine Beachtung schenkten. Am Ufer des Stroms standen Palmen, ihre Silhouetten hoben sich scharf und dunkel gegen den flammenden Himmel ab. Schweine, Ziegen und Rinder wanderten zwischen den Hütten herum, die Kinder stießen die ausgemergelten Tiere einfach beiseite, wenn sie ihnen im Wege waren. Die Nacht rückte näher, und das Dorf begab sich allmählich zur Ruhe. Mütter riefen nach ihren Kindern, die daraufhin ihr lärmendes Spiel abbrachen und still nach Hause gingen.

Das große Haus war von einem wunderbaren Garten umgeben, und um den ganzen Besitz zog sich eine hohe weiße Mauer. Der Garten war ein einziges flammendes Blumenmeer, seine Pflege mußte große Summen Geldes und eine Menge sorglicher Arbeit kosten. Hier herrschte ein unbeschreiblicher Friede, alles blühte und gedieh nach Herzenslust, und die Schönheit des Baumriesen in der Mitte schien über dem ganzen Leben dieser kleinen Welt zu wachen. Der Springbrunnen war tagsüber gewiß das Entzücken der vielen Vögel, jetzt aber sang er sein Lied allein und nur noch zu seinem eigenen Ergötzen. Alles, was da war, wurde still und zog sich für die Nacht ganz in sich selbst zurück.

Sie war Tänzerin, nicht von Beruf, sondern aus Liebhaberei. Manche schrieben ihr sogar ein überdurchschnittliches Können zu. Allem Anschein nach war sie sehr stolz auf ihre Kunst und ihre Begabung, das verriet sich in einer gewissen Arroganz ihres Gehabes, die nicht nur der Einbildung auf ihre Erfolge entsprang, sondern sicherlich auch von dem Bewußtsein ihres geistigen Ranges genährt wurde. Wie sich ein anderer über eine gelungene Arbeit freut, so genoß sie ihren geistigen Fortschritt. Dabei gibt es Fortschritt im Geistigen überhaupt nicht, wer ihn an sich wahrzunehmen glaubt, fällt einer, allerdings besonders angenehmen, Selbsttäuschung zum Opfer. Sie trug auffallend viel Schmuck, ihre Fingernägel waren gelackt und die Lippen mit dem dazu passenden Rot geschminkt. Nach dem, was sie von sich erzählte, gab sie nicht nur Tanzabende, sondern hielt außerdem Vorträge über Kunst, Pflege des Schönen und Wege zur geistigen Vollendung. Eitelkeit und Ehrgeiz standen ihr im Gesicht geschrieben, sie wollte nicht nur als Tänzerin, sondern auch durch ihre geistigen Bestrebungen bekannt werden, und zur Zeit hatte der Geist gerade die Oberhand.

Persönliche Probleme, meinte sie, gebe es für sie nicht. Sie sei gekommen, um über die Schönheit und über den Geist zu sprechen. Was das Persönliche betreffe, so habe sie für diese kleinlichen Dummheiten einfach keine Zeit, da sie sich ausschließlich mit weitergespannten Problemen befasse. Dazu gehöre zum Beispiel die Frage nach dem Wesen des Schönen. Was war Schönheit? War sie etwas Innerliches oder etwas Äußeres? War sie subjektiv oder objektiv oder sowohl das eine wie das andere? Sie war ihrer Sache so sicher – und gerade diese Selbstgewißheit ist allem Schönen abhold.

Der selbstgewisse Mensch schließt sich von der Außenwelt ab und macht sich unverwundbar. Wie könnte man aber empfindsam sein, wenn man nicht aufgeschlossen und daher verwundbar ist?
»Was ist also Schönheit?«
Erwarten Sie eine Definition, eine Formel oder wollen wir die Sache einmal gemeinsam untersuchen?
»Braucht man nicht ein Instrument, wenn man etwas untersuchen will? Wie könnte man ohne Wissen, ohne Erklärungen und Begriffsbestimmungen untersuchen? Ehe wir aufbrechen, müssen wir doch wissen, wohin die Reise geht.«
Und wenn ich behaupte, daß uns Wissen am Forschen hindert? Wie könnten Sie noch etwas zu fragen haben, wenn Sie schon alle Antworten kennen? Das Wort ›Wissen‹ bedeutet einen Zustand, in dem alles Fragen und Forschen aufgehört hat. Wissen heißt also geradezu: *nicht* fragen, *nicht* forschen, folglich geht es Ihnen doch nur um eine Begriffsbestimmung, eine Formel. Fragen wir also: Gibt es ein Maß, an dem man die Schönheit messen könnte? Bedeutet Schönheit die Annäherung an eine bekannte oder imaginäre Norm oder ist sie etwas gestaltlos Abstraktes? Ist Schönheit nicht nur die Hälfte eines Gegensatzpaares – kann diese Hälfte für das Ganze stehen? Gibt es äußere Schönheit ohne innere Freiheit? Ist Schönheit Schmuck der Zierde? Ist das Entfalten äußerer Schönheit ein Zeichen von Empfindsamkeit? Was suchen Sie? Das Zusammenspiel äußerer und innerer Schönheit? Gibt es überhaupt äußere Schönheit, wenn die innere fehlt? Welche von den beiden ist Ihnen wichtiger?
»Mir sind beide gleich wichtig. Ohne die vollkommene

Form gibt es kein vollkommenes Sein. Schönheit ist der harmonische Zusammenklang von innen und außen.«
Damit hätten Sie eine Art Rezept für das Schönwerden entdeckt. Aber das Rezept ist nicht Schönheit, sondern nur ein aus einer Reihe von Worten gebildeter Satz. Und der Vorgang des Schönwerdens ist etwas ganz anderes als schön sein. Was suchen Sie also genau?
»Die Schönheit von Hülle und Inhalt, von Körper und Seele. Der Vollkommenheit der Blume ziemt ein untadeliges Gefäß.«
Gibt es innere und damit vielleicht auch äußere Harmonie ohne Empfindsamkeit? Ist Empfindsamkeit nicht die erste und wesentlichste Voraussetzung zur Wahrnehmung sowohl des Häßlichen wie des Schönen? Ist Schönheit Abkehr vom Häßlichen und Widerstand dagegen?
»Natürlich ist sie das.«
Ist etwa Tugend Abkehr und Widerstand? Wie könnte es Empfindsamkeit geben, wo man widerstrebt? Kann man überhaupt empfindsam sein, ohne volle Freiheit zu genießen? Kann der Gefangene seines eigenen Ichs empfindsam sein, kann es der Ehrgeizige, und wenn er es könnte, hätte er dann ein Organ für die Schönheit? Empfindsamkeit oder Verwundbarkeit durch alles, was *ist*, ist wesentlich. Wir möchten so gerne eins mit dem werden, was wir das Schöne nennen, und das vermeiden, was wir als häßlich bezeichnen. Wir verlangen danach, ganz in unserem wunderschönen Garten aufzugehen und vor dem übelriechenden Dorf die Augen zu schließen. Wir möchten widerstreben und zugleich empfangen. Ist nicht alles Parteinehmen Widerstand? Empfindsam sein heißt aber, des Dorfes wie

des Gartens ohne Vergleich und ohne Widerstreben innezuwerden. Sie aber möchten nur für die Schönheit, nur für die Tugend empfänglich sein, dem Übel, dem Häßlichen aber widerstreben. Empfindsamkeit, Verwundbarkeit ist aber unteilbar und läßt sich nicht auf das Angenehme, das Gefällige beschränken.

»Und doch suche ich die Schönheit, die Empfindsamkeit.«

Wissen Sie das genau? Wenn es so ist, dann müssen Sie aber aufhören, sich um die Schönheit Gedanken zu machen. Die ständige Betrachtung und Verehrung des Schönen ist nämlich nur eine Flucht vor dem, was *ist*, vor Ihnen selbst. Wie könnten Sie aber empfindsam sein, wenn Sie nicht in erster Linie Klarheit über sich selbst und über das, was *ist*, besitzen? Die Ehrgeizigen, die Gewandten, die unermüdlichen Spürhunde des Schönen, beten nämlich nur ihre selbstgeschaffenen Götzen an. Sie sind völlig ich-befangen, sie haben eine hohe Mauer um sich herum gebaut; da aber nichts in der Absonderung leben kann, ist Elend die unvermeidliche Folge. Die Jagd nach Schönheit und das unaufhörliche Gerede über Kunst sind legitime und hochangesehene Mittel, dem Leben, das heißt dem eigenen Ich, zu entfliehen.

»Aber Musik gehört doch nicht dazu? Oder dient sie etwa auch der Flucht vor uns selbst?«

Ja, sobald sie uns die Einsicht in das eigene Wesen ersetzen soll. Ohne diese Einsicht führt alles Tun nur zu Verwirrung und Leid. Wir müssen innewerden, wie es um unser Denken und Handeln bestellt ist, nur dann werden wir jener Freiheit teilhaftig, die eine Voraussetzung feinen und sicheren Empfindens ist.

Sein und Werden

Sechs muntere kleine Welpen spielten im warmen Sand. Sie waren reingeleckt und rund wie kleine Wollknäuel, ihre Fellchen waren von weißer oder lichtbrauner Farbe. Ihre Mutter lag ein wenig abseits im Schatten, ein mageres, erschöpftes Wesen, so räudig, daß sie fast nackt aussah. Der Körper der Hündin war mit Wunden bedeckt, aber sie wedelte dennoch mit dem Schweif und war voll Stolz auf ihre kugelrunde Nachkommenschaft. Dabei hatte sie wohl kaum noch mehr als einen Monat zu leben. Sie war eines von jenen armen, herrenlosen Tieren, die sich streunend um die Behausungen der Ärmsten schleichen und im Schmutz der Gossen ihre kümmerliche Nahrung suchen, immer hungrig, immer scheu und fluchtbereit. Die Menschen schleuderten ihr Steine nach und jagten sie von ihren Türen, wenn sie sich blicken ließ, darum ging man ihnen am besten aus dem Wege. Aber hier im Schatten war ihr das böse Gestern nur noch ein ferner Traum, jetzt war sie einfach müde, zu Tode erschöpft. Und doch freute sie sich, daß die Menschen an ihren Kindern Gefallen fanden, daß man sie streichelte und mit ihnen sprach. Der Tag ging zur Neige, vom breiten Strom her wehte eine kühle, erfrischende Brise, die arme Hündin war wunschlos zufrieden. Wo sie ihre nächste Mahlzeit herbekam, war eine andere Frage – aber die konnte sie jetzt nicht berühren.

Am Ufer entlang, vorbei an grünenden Wiesen, gelangte man an das andere Ende des Ortes, und dort stand in einer staubigen, lärmerfüllten Straße das Haus, in dem die Menschen zur Beratung ihrer Angelegenheiten zusammenkamen. Es waren Menschen verschiedenster Art, bedachtsame und hitzköpfige, träge und streitsüchtige, gewitzte und solche, denen ihre Grundsätze heilig waren. Die Bedachtsamen waren geduldig, die Gewitzten stachelten jene an, die ihnen nicht folgen konnten, die Raschen gaben immer das Tempo an, die Langsamen mußten notgedrungen mit ihnen Schritt halten. Nun ist es so, daß echte Einsichten blitzartig aufzuleuchten pflegen; das tun sie aber nur, wenn wir für eine noch so kurze Zeitspanne stille sein können. Die Raschen, Geschäftigen sind viel zu ungeduldig, um dieser Stille Raum zu geben, in der die Blitze der Einsicht leuchten. Einsichten werden nämlich nie mit Worten erreicht, es gibt keine durch den Verstand vermittelte Einsicht. Die sogenannte verstandesmäßige Einsicht beruht immer nur auf dem Wort und ist daher niemals echt. Denken kann nie zu echter Einsicht führen, da sich alles Denken in Worten vollzieht. Ohne Gedächtnis kein Gedanke, ›Gedächtnis‹ aber ist Wort, ist Gleichnis, ist die unheimliche Gabe des Menschen, den Raum seines Bewußtseins mit Bildern zu füllen. In diesem Bereich gibt es keine Einsicht. Wahre Einsicht blitzt vielleicht zwischen zwei Worten auf, in jener winzigen Spanne, die zwischen dem Wort und dem Gedanken liegt, den es erzeugt. Einsicht ist weder den Gewitzten noch den Langsamen geschenkt, sondern allein jenen, die durch die unmeßbar schmalen Lücken in der Wortflut in die Tiefe dringen.

»Wie kommt es, daß unsere Gesellschaft mehr und mehr zerfällt? Erleben wir nicht täglich draußen in der Welt und mehr noch in unserem eigenen Herzen, daß das Gefühl der Zusammengehörigkeit unter den Menschen unheimlich rasch dahinschwindet? Wie kann man dieser Auflösung Einhalt tun? Wie finden wir wieder zur Einheit, zum menschlichen Zusammenhalt?«
Wir finden nur wieder zusammen, wenn wir uns einmal klarmachen, was uns so auseinanderreißt. Menschlicher Zusammenhalt läßt sich nicht nur in diesen oder jenen Kreisen oder Gruppen verwirklichen, er erfordert vielmehr unbedingt, daß sich alle Menschen finden. Doch greifen wir nicht vor. Wenn wir weiterkommen wollen, müssen wir zunächst klarstellen, was wir unter ›Zerfall der Gesellschaft‹ verstehen, nicht wahr? Ist etwa Streit ein Anzeichen des Zerfalls? Wir suchen nicht nach einer Begriffsbestimmung, sondern nach der tieferen Bedeutung des Wortes.
»Sind Kampf und Streit nicht unvermeidlich? Leben heißt Kämpfen, kampfloses Dasein führt zum Verfall. Hätte ich kein Ziel, um das ich ringen muß, so würde ich alsbald entarten. Der Kampf gehört nun einmal zum Leben wie das Atemholen.«
Das ist eine kategorische Behauptung, die allem Forschen und Fragen ein Ende macht. Wir wollen doch versuchen herauszufinden, was dem Zerfall der menschlichen Gesellschaft Vorschub leistet, und ich frage mich, ob nicht grade dieser ewige Kampf aller gegen alle daran wesentlichen Anteil hat. Aber zunächst eine Frage: Was wollen wir hier unter Kampf und Streit verstanden wissen?

»Nun, sagen wir den Wettbewerb, das Vorwärtsstreben, die Anspannung aller Kräfte, das Bedürfnis, im Leben voranzukommen, die Unzufriedenheit und so weiter.«

Kampf tobt also nicht nur in bestimmten abgegrenzten Lebensbereichen, er erfüllt vielmehr das ganze Dasein mit seinem Lärm und Getümmel. Jedes Werden, jede Entwicklung, vollzieht sich im Kampf, nicht wahr? Der Lehrling wird Direktor, der Vikar wird Bischof, der Schüler wird zum Meister – und jeder solche Werdegang bedeutet Kampf und Drängen nach vorn.

»Wohin kämen wir ohne diesen Wettlauf des Werdens? Ist er nicht unvermeidlich? Wie könnte sich ein Mensch aus diesem Kampf ums Dasein heraushalten? Und steckt nicht hinter allem Streben letztlich die Angst?«

Wir suchen hier nicht nur dialektisch herauszufinden, sondern tief innerlich zu erfahren, was zum Zerfall der Menschheit führt. Es geht also nicht um die Frage, wie wir dem Kampf ausweichen könnten oder was dahintersteckt. Leben ist doch etwas wesentlich anderes als Werden, nicht wahr? Gewiß, leben wollen heißt wohl auch kämpfen müssen, aber was uns hier angeht, ist ja das immerwährende Werden, der dunkle Drang, besser zu sein als andere, sich hinaufzuarbeiten, kurz, das, was *ist*, in sein Gegenteil zu verwandeln. Dieser innere Werdedrang könnte daran schuld sein, daß unser Alltag so trist und öde geworden ist, weil ihn nur noch Streit und wüstes Strebertum erfüllen. Was verstehen wir unter diesem ›Werdedrang‹? Nun, etwa das innere Bedürfnis des Priesters, Bischof, des Schülers, Meister zu werden – und so weiter. Jedes Werden solcher Art kostet Kampf im positiven oder negativen Sinne. Dieser Kampf richtet sich gegen das natürliche Beharrungsvermögen eines jeden gegebenen Zustandes mit dem Ziel das, was *ist*, in etwas anderes zu verwandeln. Nicht wahr, so ist es doch? Heute bin ich, der ich bin, aber das läßt mir keine Ruhe, bis morgen muß ich ein anderer werden, und dieses Werdenwollen trägt mir nichts ein als Kampf und Streit. Habe ich glücklich erreicht, was ich wollte, dann stehe ich sogleich vor der nächsten Stufe, ein neues Ziel für meinen Werdedrang bietet sich dar. So geht es ohne Ende fort. Man ›wird‹ und ›wird‹, und der Kampf um den ›Platz an der Sonne‹ reißt ein ganzes Leben lang nicht ab. Nun sag mir nur eins: Warum das alles? Kann ich mich denn nicht mit dem zufriedengeben, was ich nun einmal bin?

»Das ist ausgeschlossen! In unserer Gesellschaftsordnung geht so etwas nicht, auch der Wunsch nach sozialem Aufstieg läßt es nicht zu, und schließlich hat doch jeder Mensch seine Ideale. Wir können nicht umhin, voranzustreben, es liegt eben in unserer Natur.«

Die bloße Behauptung, es ginge nicht anders, macht jeder Diskussion ein Ende. Aber verzeih', ist es nicht etwas denkfaul, einfach solche Behauptungen aufzustellen und lieber die ganze Not in Kauf zu nehmen, die menschliche Torheit verschuldet, als ihnen kritisch zu Leibe zu gehen?

Du sprichst von unserer Gesellschaftsordnung. Warum ist sie denn so, wie sie ist? Wer hat sie uns gegeben? Sind diese Normen, denen wir uns so freudig unterwerfen, etwa nicht unseren eigenen Köpfen ent-

sprungen? Und dann deine Ideale. Sind *sie* vielleicht daran schuld, daß wir fortwährend etwas anderes werden wollen, als wir sind? Schwebt uns ein Fernziel, irgendein Utopia vor, das uns immer wieder in den Kampf treibt? Würden wir wirklich entarten, wenn wir nicht ständig einem solchen Ziel zustrebten?
»Selbstverständlich. Die Welt käme zum Stillstand, und Stillstand ist Rückgang, ist Rückfall in das Übel. Wir stürzen nur zu leicht in den Abgrund der Hölle, aber es ist dem Menschen unendlich schwer gemacht, den Himmel zu erklettern.«
Siehst du, das sind wieder nur Vorstellungen, subjektive Meinungen. Woher weißt du denn so sicher, daß sie richtig sind? Nur die Erfahrung könnte dir sagen, daß es wirklich so kommen wird. Unsere Vorstellungen stehen echter Einsicht ebenso im Wege wie logische Schlüsse und Erklärungen. Treiben uns diese Vorstellungen, diese Ideale nicht vielmehr geradezu dazu, immer etwas werden, etwas erreichen zu wollen? Wenn ich ›dieser‹ bin, zwingt mich dann nicht ein vorgestelltes Ideal, jener andere werden zu wollen? Sind also etwa unsere Ideale die eigentliche Ursache unseres nie endenden Kampfes? Fragen wir uns darum einmal, wie so ein vorgestelltes Ideal beschaffen ist. Bedeutet es etwas wesentlich anderes als das, was *ist*, als die Wirklichkeit unseres Daseins? Verhielte es sich so, gäbe es keine Verwandtschaft zwischen Ideal und Wirklichkeit, dann wäre es für uns nicht möglich, die Wirklichkeit zu idealisieren, wie wir es doch so gerne tun. Dazu gehört nämlich notwendig, daß sich unser Ideal, unser Ziel irgendwie auf das bezieht, was ist, also auf den gegebenen Zustand. Du sagst, unsere

Ideale drängten uns zum Kampf. So laß uns zunächst einmal untersuchen, wie so ein Ideal zustandekommt. Könnte man nicht sagen, es sei ein Vorausdenken, eine Art Wunschvorstellung?
»Ich möchte sein wie du. Wäre das eine solche Wunschvorstellung?«
Natürlich. Du hast eine Vorstellung, die wahrscheinlich lustbetont sein wird, und möchtest dich diesem Vorstellungsbild angleichen, das eine Frucht deiner Wünsche ist. Du willst nicht mehr sein, was du bist, weil dir das nicht mehr gefällt, sondern etwas werden, was dir liebenswert dünkt. Das Ideal ist die vorweggenommene Erfüllung deines Wunsches, anders zu sein, sein Gegenteil die Fortdauer dessen, was ist, des Zustandes, den du so satt hast. So meinst du; aber in Wirklichkeit ist hier von einem Gegenteil keine Rede, denn auch die Erfüllung hebt dich nicht aus dem Seienden, aus dem Alltag heraus, du bleibst darin gefangen, und das Leben läuft weiter, wenn auch vielleicht in einem etwas veränderten Rahmen. Aber dein Wunschtraum ist ein hartnäckiger Bursche, er läßt nicht locker, du mußt um seine Erfüllung kämpfen, damit du *wirst*, was er dir vorstellt. Man hält diesen Widerstreit zwischen Ideal und Wirklichkeit, den beiden vermeintlichen Gegensätzen, allgemein für unvermeidlich, er gehöre, so sagt man, zum Leben, das nun einmal so ist. Dieser Widerstreit besteht doch darin, daß das, was ist, werden will, was es *nicht ist*, nämlich das aus der Idee Geborene, das Ideal. Du strebst danach, etwas zu werden, und siehe, dieses Etwas ist dein eigenes Geschöpf. Dein Ideal ist nämlich nichts anderes, als das

in dir entstandene Bild eines Menschen, den du liebend gerne ›Ich‹ nennen möchtest.
Merkst du, wie sich das Bewußtsein selbst zum Narren hält? Die Wahrheit ist, daß der ganze Lebenskampf im tiefsten Grund nur um Worte geht, man rennt wie besessen dem eigenen Wunschbild, dem eigenen Schatten nach.
Nimm an, ein heftiger, jähzorniger Mensch träte für Gewaltlosigkeit ein, weil sie sein Ideal ist, so wird ihm sein Vorstellungsbild doch immer den zeigen, der er wirklich ist, allerdings unter einem falschen Namen. So wird es möglich, daß die Menschen dieses Treiben mit gutem Gewissen mitmachen, weil sie darin einen lebensnotwendigen Vorgang, eine geistige Aufgabe, einen Dienst am Fortschritt und was weiß ich sonst noch erblicken. Dabei spielt sich der ganze eigentliche Vorgang im Käfig unseres Bewußtseins ab und fördert nichts anderes zutage als törichte Illusionen.
Wenn du erst dahintergekommen bist, welchen Streich du dir selbst gespielt hast, dann erkennst du das Falsche ohne Mühe als falsch. Die allgemeine Jagd nach Illusionen muß zum Zerfall der Gesellschaft führen. Der allgemeine Kampf und Streit, den sie ausgelöst hat, reißt die Menschen auseinander, fördert also den Zerfall. Werden die Menschen erst gewahr, wie sich ihr Bewußtsein selbst zum besten hält, dann gibt es für sie fortan nur noch das, was ist. Macht sich dieses Bewußtsein dann noch frei von allem Werdedrang und allen Idealen, läßt es davon ab, zu vergleichen und zu verurteilen, verzichtet es also auf seine Herrscherrolle in unserem Leben, dann vollzieht sich für uns im gleichen Augenblick ein tiefgreifender Wandel alles dessen,

was ist. Solange das, was *ist*, das Seiende, die Wirklichkeit noch einen Namen trägt, besteht noch eine Wechselbeziehung zwischen ihr und unserem Bewußtsein. Erst wenn der Name – das Erinnern, das das Wesen des Bewußtseins ausmacht – erlischt, besteht auch das Seiende nicht mehr. Dieser Wandel allein führt das Menschengeschlecht wieder zur Einheit zurück.

Menschlicher Wille kann diese Einheit nicht erzwingen, sie kommt niemals dadurch zustande, daß man die Menschen durch irgendwelche Kniffe des Verstandes zusammenführt. Erst wenn der Zerfall ein Ende hat, wenn der Kampflärm schweigt und die Waffen ruhen, wenn der Mensch in seinem Werdedrang nicht mehr das Sein vergißt, erst dann wird die Welt von selber wieder ganz und heil.

Lebensangst

Das Flugzeug schraubte sich ohne fühlbare Bewegung in immer größere Höhen hinauf. Unter uns breitete sich, so weit das Auge reichte, ein Meer von weißen, schimmernden Wolken, die einen solchen Eindruck von Festigkeit erweckten, daß man glaubte, darauf Fuß fassen zu können. Als wir in weitem Bogen noch höher gelangten, tat sich in dem blendenden Weiß zuweilen ein Spalt auf, durch den wir tief, tief unten die grüne Erde erspähten. Über uns wölbte sich lieblich und über alle Maßen gewaltig das reine Blau des winterlichen Himmels. Ein wuchtiges Bergmassiv erstreckte sich funkelnd im Sonnenlicht von Norden nach Süden. Diese Berge waren fast fünftausend Meter hoch, aber wir waren schon höher als sie und kletterten immer noch weiter. Ihre Zacken und Gipfel waren uns ein vertrautes Bild, und doch wirkten sie von hier oben überraschend nah und wie neu geschaffen. Die höchsten Gipfel lagen im Norden, wir aber schossen südwärts davon, als wir die erstrebte Höhe von sechstausend Metern erreicht hatten.

Der Passagier auf dem Nachbarsitz erwies sich als überaus gesprächig. Die Berge waren ihm noch unbekannt, und er hatte eine ganze Weile geschlafen, während das Flugzeug seine Höhe gewann. Jetzt aber war er wieder ganz wach und brannte auf eine ausgiebige Unterhaltung. Es stellte sich heraus, daß er zum ersten

Male in einer bestimmten geschäftlichen Angelegenheit unterwegs war. Nach dem, was er sagte, schien er vielseitig interessiert zu sein, jedenfalls zeigte er sich auf allen möglichen Gebieten bestens unterrichtet. Jetzt lag dunkel und fern das Meer unter uns, ein paar Schiffe grüßten als winzige leuchtende Punkte zu uns herauf. Die Maschine lag so ruhig in der Luft, daß man nicht einmal das Zittern der Tragflächen spürte; wir flogen die Küste entlang und glitten an den schimmernden Lichtinseln einer Anzahl von Städten und Siedlungen vorüber. Unterdessen ließ sich mein Nachbar darüber aus, wie schwer es ihm falle, seine ständige Angst zu überwinden, er meine jetzt nicht speziell die Angst vor einem Flugzeugunfall, sondern den Druck, den er beim Gedanken an die Gefahren des Lebens im allgemeinen empfinde. Er war verheiratet und hatte Kinder, das insbesondere war für ihn eine Quelle unaufhörlicher Angst – nicht nur vor der Zukunft, sondern vor allem und jedem. Seine Angst war unbestimmt, das heißt, sie hatte keinen eigentlichen Gegenstand und verdarb ihm im wahrsten Sinne des Wortes sein ganzes Dasein, obwohl er sich nicht über Mangel an Erfolgen beklagen konnte. Gewiß, er sei von Hause aus eine etwas ängstliche Natur, meinte er, aber in letzter Zeit weiche die Angst überhaupt nicht mehr von ihm, und seine Träume seien geradezu fürchterlich. Seine Frau wisse wohl um diesen Zustand, mache sich aber keine rechte Vorstellung von dessen Ernst.

Angst gibt es nur in Beziehung auf ein Objekt. Angst ohne Gegenstand ist nur ein Wort, und dieses Wort ist nicht die Angst selbst. Wissen Sie denn wirklich nicht, wovor Sie sich fürchten?

»Ich habe noch nie sagen können, dies oder jenes sei es. Auch meine Träume sind nur ein wüstes Durcheinander, das aber diese ungreifbare Angst wie ein roter Faden durchzieht. Ich habe mit Freunden und Ärzten darüber gesprochen, aber sie haben mich entweder ausgelacht oder mit billigen Ratschlägen abgespeist. Bis jetzt habe ich vergebens versucht, eine greifbare Ursache meiner scheußlichen Zustände ausfindig zu machen – dabei möchte ich sie doch so gerne los sein.«
Wollen Sie sie wirklich los sein oder ist das nur so eine Redensart?
»Nein, nein, es ist mir bitter ernst damit. Ich sage Ihnen, ich gäbe viel darum, wenn ich diese Angst loswerden könnte. Obwohl Religion sonst nicht meine starke Seite ist, habe ich sogar schon darum gebetet. Wenn mich meine Arbeit, oder sagen wir ein Spiel ganz in Anspruch nimmt, dann fühle ich mich zuweilen frei davon, aber das Scheusal wartet geduldig in seinem Versteck, und allzubald ist es wieder mein unzertrennlicher Gefährte.«
Ängstigen Sie sich gerade jetzt in diesem Augenblick? Haben Sie den Eindruck, daß die Angst irgendwo auf Sie lauert? Ist sie bewußt oder unbewußt?
»Ich spüre den Druck immer ganz genau, aber ob die Angst bewußt oder unbewußt ist, das könnte ich nicht sagen.«
Wenn Sie die Angst verspüren, haben Sie dann den Eindruck von Ferne oder von unmittelbarer Nähe, beides nicht räumlich, sondern als Gefühl verstanden?
»Sobald ich auf sie achte, scheint sie mir unerträglich nah zu sein – aber sagen Sie, was sollen diese Fragen bedeuten?«

Angst ist nur in Beziehung zu einem Objekt denkbar. Dieses Objekt kann etwa Ihre Familie sein, oder Ihre Arbeit, irgendwelche Zukunftssorgen, vielleicht auch der Tod. Fürchten Sie den Tod?

»Nicht besonders, allerdings würde ich ein rasches, plötzliches Ende einem langen Sterben vorziehen. Die Familie? Nein, warum sollte ich mich ihretwegen ängstigen? – Und meine Arbeit gibt mir erst recht keinen Anlaß dazu.«

Wenn keine dieser oberflächlichen Beziehungen schuld daran sind, dann muß die Ursache tiefer liegen. Es könnte sogar gelingen, sie Ihnen aufzuzeigen, aber wenn Sie irgend können, suchen Sie sie selbst zu finden, dann wäre nämlich der Eindruck der Entdekkung wesentlich größer. Warum machen Ihnen die Beziehungen der Oberfläche, von denen wir sprachen, keine Angst?

»Meine Frau und ich lieben die Kinder, sie denkt nicht daran, einen anderen Mann anzuschauen, und ich kümmere mich nicht um andere Frauen. Wir ergänzen einander ausgezeichnet. Die Kinder machen uns wohl Sorgen, aber man tut eben für sie, was man kann. Bei dieser wirtschaftlichen Unsicherheit in der ganzen Welt kann man ihnen leider keine gesicherte Existenz schaffen, darum kommt es am Ende auf ihre eigenen Leistungen an. Mein eigener Posten ist ziemlich sicher, bleibt also nur die verständliche und ganz natürliche Angst, daß meiner Frau etwas zustoßen könnte.«

Die Tiefe Ihrer Beziehung zu Ihrer Frau steht also für Sie außer Zweifel. Warum fühlen Sie sich in diesem Punkte so sicher?

»Das weiß ich selbst nicht, es ist eben so. Schließlich

gibt es gewisse Dinge, die man als gegeben hinnimmt, nicht wahr?«

Damit ist nichts erklärt. Sollen wir der Frage weiter nachgehen? Warum sind Sie Ihrer engen Zugehörigkeit zu Ihrer Frau so sicher? Was meinen Sie damit, wenn Sie sagen, Sie ergänzten einander?

»Wir finden in der Gemeinsamkeit unser Glück, wir helfen einander, wir verstehen einander, kurzum, wir brauchen einander. In einem tieferen Sinne hängen wir dadurch wohl auch voneinander ab. Es wäre ein entsetzlicher Schlag, wenn einem von uns etwas zustieße. So gesehen, kann man uns in der Tat als abhängig betrachten.«

Was verstehen Sie unter ›abhängig‹? Meinen Sie, daß Sie ohne Ihre Frau verloren wären, daß Sie sich ganz und gar verlassen fühlten? Ist es das? Und ihr ginge es wahrscheinlich ebenso, insofern sind Sie wirklich voneinander abhängig.

»Ja, aber ist denn das so schlimm?«

Wir wollen hier nicht urteilen oder verdammen, sondern ausschließlich fragen. Aber ist es Ihnen auch recht, wenn wir diese Spur weiter verfolgen? Sind Sie wirklich damit einverstanden? Gut, dann wollen wir fortfahren.

Ohne Ihre Frau wären Sie also allein und im tiefsten Sinne des Wortes verloren, darum ist sie Ihr Ein und Alles, nicht wahr? Diese Frau ist Ihr ganzes Glück, darum hängen Sie an ihr. Und diese Abhängigkeit pflegt man Liebe zu nennen. Sie haben Angst, allein zu sein. Ihre Frau ist immer zur Stelle, um die Tatsache Ihrer Einsamkeit vor Ihnen zu verdecken, und Sie erweisen ihr umgekehrt den gleichen Dienst. Aber die

Einsamkeit als solche wird davon nicht berührt, sie bleibt. Ja, so benutzen wir einander, um unsere Einsamkeit vor uns selbst zu verbergen, wir fliehen vor dieser Einsamkeit auf vielen Wegen und durch viele Arten von Beziehungen – und jede solche Beziehung macht uns durch den Dienst, den sie uns leistet, von sich abhängig. Ich höre zum Beispiel Radio, weil mich die Musik meiner selbst enthebt und dadurch glücklich macht, oder ich vergrabe mich in Bücher und Gelehrsamkeit, um mich wie der Vogel Strauß vor mir selbst zu verstecken. Und jedesmal entsteht daraus eine Abhängigkeit.

»Was ist dabei Schlimmes? Warum soll ich nicht vor mir selbst davonlaufen? Ich wüßte nicht, worauf ich stolz sein könnte, darum kehre ich diesem wenig erfreulichen Ich den Rücken und halte mich lieber an meine Frau, die viel besser ist als ich.«

So machen es in irgendeiner Form weitaus die meisten Menschen. Aber der Haken ist, daß Sie bei dieser Flucht vor sich selbst in Abhängigkeit geraten sind. Mit der zunehmenden Angst vor dem, was *ist*, wird die Abhängigkeit immer stärker, die Flucht immer wichtiger. Die Frau, das Buch, das Radio werden zu unentbehrlichen Requisiten eines Daseins, das ganz auf Flucht abgestellt ist. Meine Frau dient mir dazu, mir selbst zu entrinnen, darum hänge ich an ihr. Ich muß sie mir erhalten, ich darf sie nicht verlieren, und sie läßt sich gern von mir halten, weil ich ihr zu dem gleichen Zweck diene wie sie mir. Wir haben beide das Bedürfnis, uns selbst zu entrinnen und helfen uns dabei gegenseitig. Dieses Voneinander-Gebrauch-machen bezeichnet man kühn als Liebe. Sie sind nicht mit dem zufrieden, was Sie sind, darum ergreifen Sie vor sich selbst, also vor dem, was *ist*, die Flucht.

»Das klingt nicht übel, ich wüßte nicht, was dagegen einzuwenden wäre. Aber eins haben Sie noch nicht gesagt: Warum läuft man davon? Und vor allem – wovor?«

Vor Ihrer eigenen Einsamkeit, Ihrer inneren Leere, kurzum, vor dem, was Sie sind. Wenn Sie davonlaufen, ohne noch recht erkannt zu haben, was *ist*, dann können Sie selbstverständlich dessen, was *ist*, auch nicht innewerden. Folglich müssen Sie vor allem einmal in Ihrem Lauf innehalten, Ihre Flucht unterbrechen, weil Sie nur auf diese Art gewahr werden können, wie Sie wirklich sind. Aber Sie können das, was *ist*, auch dann nicht richtig beobachten, wenn Sie es ständig kritisieren, wenn Sie es lieben oder nicht lieben. Sie nennen Ihren Zustand Einsamkeit und ergreifen die Flucht davor, eben diese Flucht vor dem, was *ist*, ist aber nichts anderes, als Angst vor dem, was *ist*. Sie fürchten Ihre Einsamkeit, Ihre Leere und verdecken beides vor Ihren eigenen Blicken, indem Sie sich abhängig machen. So kommt es, daß Ihnen die Angst ständig auf den Fersen bleibt, sie läuft Ihnen nach, solange Sie vor dem, was *ist*, auf der Flucht sind. Das Einssein, die völlige Gleichsetzung Ihres Ichs mit einer Person oder Idee gibt Ihnen nicht einmal die Gewähr, daß Ihnen Ihre Flucht endgültig gelingt, denn im Hintergrunde lauert ständig die Angst. Sie schleicht sich durch Träume zu Ihnen ein, wenn die Gleichsetzung mit dem Ersatz Ich vorübergehend nicht funktioniert, und das kommt natürlich andauernd vor, sofern nicht eine echte geistige Störung vorliegt.

»Also kommt meine Angst von meiner eigenen Hohlheit, meinem Ungenügen. Ich sehe das vollkommen ein, und es ist sicherlich richtig – aber was kann ich nun dagegen tun?«

Gar nichts. Was Sie auch unternehmen, ist Flucht. Diese Tatsache müssen Sie sich vor allem klarmachen. Dann begreifen Sie auch, daß Sie selbst nichts von Ihrer Hohlheit Verschiedenes oder Getrenntes sind. Sie *sind* dieses Ungenügen. Der Beobachter *selbst* ist die beobachtete Leere. Wenn Sie dann weiter fortschreiten, werden Sie Ihren Zustand nicht mehr als Einsamkeit bezeichnen – das Namengeben hat aufgehört. Bleiben Sie auf diesem Wege, was allerdings ziemlich beschwerlich ist, dann ist jenes als Einsamkeit bekannt gewesene Gefühl überhaupt nicht mehr da, es gibt keine Einsamkeit, keine Leere mehr, der Denker als gedachtes Ich hat aufgehört zu sein. So allein nimmt die Angst ein Ende.

»Wenn es so ist, wie Sie sagen, was ist dann Liebe?«

Liebe ist *nicht* Bindung, ist *nicht* Abhängigkeit von einem geliebten Du. Sie ist auch nicht der Gedanke an das geliebte Wesen. Wenn die Liebe da ist, denken Sie nicht daran, die Gedanken an Liebe kommen nur, wenn sie Ihnen fern ist, wenn ein Abstand zwischen Ihnen und dem Objekt Ihrer Liebe besteht. Solange die Liebenden vereint sind, gibt es keine Gedanken, keine Bilder, kein Aufleben der Erinnerung. Das Denken, die Phantasie beginnt erst zu arbeiten, wenn die Vereinigung in irgendeiner Schicht unseres Wesens eine Unterbrechung erleidet. Das Denken fängt also da an, wo die Liebe aufhört, denn Liebe ist etwas wesentlich anderes als das Denken. Das Denken macht nichts als

Qualm: durch Neid, durch Festhalten, Mißverstehen oder Ausgraben vergangener Dinge, durch Sehnsucht nach dem Morgen, durch Gram und Sorgen, es macht so viel Qualm, daß die Flamme schließlich ersticken muß. Wenn sich der Qualm verzieht, dann brennt die Flamme. Die beiden können nicht nebeneinander bestehen. Die Vorstellung, es könnte doch möglich sein, ist ein Wunsch, ein Ausgedachtes, wie alle Wünsche. Gedachtes aber kann niemals Liebe sein.

Mißbrauchter Eifer

Es war früh am Morgen, eine muntere Schar von Vögeln vollführte einen Höllenspektakel. Die Sonne berührte eben die Baumwipfel, die Schatten waren noch dunkel und ohne das Spiel durchscheinender Lichter. Vor kurzem mußte eine Schlange über die Wiese gekrochen sein, man sah noch die lange schmale Spur, die sie durch den Tau gezogen hatte. Die Morgenröte war noch nicht ganz verblaßt, am Himmel ballten sich mächtige, weiße Wolken. Plötzlich riß das Zwitschern und Schnattern der Vögel ab, um alsbald mit warnenden, scheltenden Schreien um so lauter wieder einzusetzen: Eine Katze war auf der Szene erschienen und hatte sich unter einen Busch gelegt. Ein mächtiger Habicht hatte einen schwarz-weißen Vogel in den Krallen und zerriß ihn mit seinem scharfen, gebogenen Schnabel. Er hielt seine Beute mit eifersüchtiger Gier in den Fängen und nahm sofort eine drohende Haltung ein, als ihm ein paar Krähen zu nahe kamen. Seine Augen waren gelb mit schmalen schwarzen Schlitzen, sie verfolgten wachsam und ohne zu zwinkern, was die flatternden Krähen und wir wohl im Schilde führten.

»Warum soll ich mich nicht ausnützen lassen? Ich bin nicht böse darüber, daß man mich zum Werkzeug dieser Bewegung macht, da ich ihr größte Bedeutung beimesse und am liebsten ganz darin aufgehen möchte. Es kommt mir auch nicht darauf an, was man mit mir macht. Ich bin ja nur ein kleines Licht und bedeute nicht viel in dieser Welt, darum will ich wenigstens denen helfen, die mehr leisten als ich. Was mir jetzt zu schaffen macht, ist eine persönliche Bindung, die mich von meiner Arbeit ablenkt. Über diese Bindung möchte ich gerne Klarheit haben.«

Warum wollen Sie sich ausnutzen lassen? Sind Sie nicht ebensoviel wert wie der einzelne oder die Gruppe, von denen Sie ausgenutzt werden?

»Um unserer Sache willen, die ich für gut und überaus wertvoll halte, lasse ich mich gerne ausnutzen. Die Menschen, zu deren Mitarbeitern ich mich zählen darf, stellen eine hochgesinnte geistige Elite dar. Auf jeden Fall wissen sie besser als ich, was uns nottut.«

Was veranlaßt Sie, zu glauben, daß diese Leute besser imstande seien, Gutes zu tun, als Sie selbst? Woher wissen Sie, daß ihre Führer – um Ihre eigenen Worte zu gebrauchen – eine ›geistige Elite‹ sind und einen weiteren Blick besitzen als Sie selbst? Als Sie Ihre Dienste anboten, mußten Sie sich doch darüber Gedanken machen oder fühlten Sie sich einfach angezogen, ›aufgerufen‹, wie man so sagt, so daß Sie sich ohne weitere Überlegung zur Verfügung stellten?

»Es geht hier um eine wunderbare Aufgabe, ich bot meine Dienste an, weil ich das Gefühl hatte, daß ich gebraucht werde.«

Sie sind genau wie jene Leute, die in das Heer eintreten, um für eine ›große Sache‹ zu töten oder sich töten zu lassen. Die wissen auch nicht, was sie tun.

Wissen Sie es vielleicht besser? Wer sagt Ihnen zum Beispiel, daß es bei Ihrer geliebten Arbeit wirklich um ›geistige‹ Dinge geht?
»Ja, da haben Sie schon recht. Ich war während des letzten Krieges selbst vier Jahre Soldat – aus Vaterlandsliebe, wie so viele andere auch. Soweit ich mich entsinnen kann, habe ich mir damals überhaupt keine Gedanken darüber gemacht, was es hieß, Menschen töten zu müssen. Es gehörte sich eben, daß man mitmachte, darum ging ich mit. Aber die Leute, deren Mitarbeiter ich jetzt bin, haben bestimmt nur geistige Interessen.«
Geistige Interessen? Wissen Sie, was das heißt? *Ich* bin mir jedenfalls darüber im klaren, daß Ehrgeiz *kein* geistiges Interesse ist. Hand aufs Herz, sind Ihre Leute etwa *nicht* ehrgeizig?
»Leider muß ich Ihnen das zugeben. Bis jetzt war es mir noch gar nicht so aufgefallen, mein ganzes Bestreben war, einer wirklich guten und anständigen Sache zu dienen.«
Ist es so anständig, nur von Ehrgeiz getrieben zu sein und diese Tatsache durch einen Schwall hochtrabender Worte von Meistern, Humanität, Kunst und allgemeiner Brüderlichkeit zu vertuschen? Ist es eine ›geistige‹ Haltung, das Ich zu einem Mittelpunkt zu machen, um den alle Welt zu kreisen hat, der nächste Nachbar so gut wie der Anhänger jenseits des großen Wassers? Sie aber arbeiten für jenen angeblich so hochgesinnten Kreis und ahnen nicht, was da wirklich gespielt wird, es ist Ihnen sogar eine Ehre, sich von diesen Leuten ausnutzen zu lassen.
»Ich komme Ihnen gewiß recht kindisch und unreif

vor, nicht wahr? Aber ich möchte mich in meiner Arbeit nicht gerne irremachen lassen. Leider will mir das nicht gelingen. Die Bindung, die ich vorhin erwähnte, macht mir schon genug zu schaffen, und Sie haben mich jetzt noch vollends durcheinandergebracht.«

Ist es nicht gut, daß Sie ein wenig ›durcheinandergebracht‹ werden? Meist fangen wir nämlich erst an, die Augen aufzumachen und um uns zu schauen, wenn wir aus unserer Ruhe aufgestöbert, wachgerüttelt werden. Daß wir ausgenutzt und ausgebeutet werden, verdanken wir nur unserer eigenen Torheit, an die die ›Wissenden‹, die Geriebenen im Namen des Vaterlandes, im Namen Gottes oder einer wunderbaren Ideologie, nicht vergebens appellieren. Wie könnte aber Torheit, auch wenn sie im Dienste der Schlauen steht, je Gutes zustandebringen? Wenn die Schlauen die Dummheit anderer ausnutzen, dann sind sie selbst dumm, weil sie nicht wissen, wohin sie ihr Tun führt. Alles Handeln der Dummen, derer, die keiner Kritik ihres eigenen Denkens fähig sind, hat nämlich notwendig Konflikte, Verwirrung und Elend zur Folge.

Ihr Problem brauchte Sie doch nicht unbedingt von Ihrer Arbeit abzulenken. Da es das aber tut, müssen wir uns jedenfalls fragen: warum?

»Es macht mich an der Arbeit irre, der ich mich verschrieben habe.«

Sie haben sich dieser Arbeit eben doch nicht ganz verschrieben, wenn es ein Problem gibt, das Sie daran irremacht. Ihre Entscheidung für diese Sache mag unüberlegt gewesen sein, dann ist das Problem vielleicht

ein Fingerzeig, eine Warnung, sich nicht weiter in Ihr augenblickliches Tun zu verstricken.
»Aber ich liebe doch meine Tätigkeit.«
Eben das ist vielleicht die Wurzel des Übels. Wir möchten uns ganz an irgendeine Tätigkeit, an eine Aufgabe verlieren, und je mehr uns diese Aufgabe befriedigt, desto leidenschaftlicher halten wir daran fest. Das Verlangen, uns in unserem Tun bestätigt zu sehen, uns darin zu genießen, macht uns blind und dumm, und dieser Selbstgenuß ist auf allen Ebenen der gleiche, es gibt darin keine Unterschiede des Niveaus. Wir mögen diese genießerische Freude an unserem Tun bewußt oder unbewußt durch noch so edle Worte tarnen, das bloße Verlangen danach macht uns unweigerlich stumpf und gefühllos. Wenn uns irgendeine erwählte Tätigkeit Befriedigung, inneres Behagen und das Gefühl seelischer Geborgenheit schenkt, ganz gleich, ob das wirklich oder nur in unserer Einbildung der Fall ist, dann lassen wir uns nicht gern aus diesem lohnenden Tun aufstören und an ihm irremachen. Und doch werden wir immer wieder aufgestört – es sei denn, wir wären tot oder durchschauten das wahre Wesen unserer Konflikte und Kämpfe. Die meisten Menschen möchten am liebsten tot und gefühllos sein, da ihnen das Leben allzu schmerzlich erscheint, zum mindesten umgeben sie sich gegen diesen Schmerz mit einer Mauer von Widerstand, einer Mauer von Bindungen und Abhängigkeiten. Aber diese scheinbar schützenden Mauern werden nur zur Ursache weiterer Konflikte und vermehrten Elends. Lassen wir also alle Bindungen beiseite und suchen wir das Problem selbst zu durchschauen, das ist viel wichtiger, als nur nach

einem Ausweg zu suchen. Vielleicht enthüllt uns gerade Ihr Problem das Echte, die Wirklichkeit, womöglich entpuppt sich dabei Ihre ganze Tätigkeit nur als billige Ausflucht, der kaum eine Bedeutung zukommt.
»Was Sie da sagen, bringt mich ganz aus der Fassung. Ich muß mir das alles gründlich durch den Kopf gehen lassen.«
Unter den Bäumen war es inzwischen zu heiß geworden, darum brachen wir unser Gespräch ab und gingen.
Wie kann ein oberflächlicher, seichter Verstand je Gutes wirken? Ist nicht das rastlose Streben, ›Gutes zu tun‹, geradezu das Merkmal eines seichten Verstandes? Ist nicht alles Denken seicht und oberflächlich, mag es noch so klug, verschlagen oder gelehrt sein? Seichtes Denken kann niemals unergründlich werden, denn ›Werden‹ ist ja gerade der Weg, den alles Seichte einschlägt. ›Werden‹ ist die Jagd nach selbstgeschaffenen Bildern und Vorstellungen. Solche Vorstellungen mögen mit Worten den Himmel stürmen, sie mögen in weltweiten Visionen, Systemen oder Planungen ihren Niederschlag finden, dennoch sind und bleiben sie Ausgeburten des Seichten, des Oberflächlichen. Wir mögen tun, was wir wollen, das Seichte wird niemals tief; was dem Seichten entspringt, jede Regung des Denkens auf allen seinen Ebenen, trägt immer den Stempel des Seichten. Dem seichten Verstand fällt es besonders schwer einzusehen, daß sein ganzes Tun und Treiben eitel und sinnlos ist. Gerade der seichte Verstand ist nämlich rastlos tätig, und eben diese Rastlosigkeit verhindert, daß sich an seinem Zustand etwas ändert. In seinem Tätigsein findet er nämlich jene

Bedingtheit, Abhängigkeit und Bindung, deren er bedarf. Das Suchen nach einer Bindung ist nichts anderes, als das Verlangen, den Konflikten und inneren Kämpfen des Lebens zu entgehen. In diesem Verlangen bauen wir Mauern gegen alle Regungen des Lebens, gegen alle Winde aus dem Unbekannten, und innerhalb dieser schützenden Umwallung aus Grundsätzen, Überzeugungen, Erklärungen und Ideologien stagniert unser ganzes Denken. Nur das Seichte stagniert und stirbt.

Schon das Verlangen in der Bindung, der Abhängigkeit Schutz zu suchen, bringt neue Gegensätze und Probleme, denn Abhängigkeit von allen möglichen ›Werten‹ und die dadurch geschaffene Bedingtheit wirken trennend. Was aber getrennt und abgesondert ist, das kann nicht leben. Getrenntes, Losgelöstes, kann sich mit anderem Getrennten zusammentun, aber aus einer solchen Vereinigung wird keine Ganzheit. Die so Getrennten lieben es zwar, sich zu sammeln und zusammenzuschließen, sie möchten eins werden – und bleiben dabei doch abgesondert, isoliert. Alle Abhängigkeit, alle Bedingtheit wirkt zerstörend und fördert den Zerfall der Gesellschaft; aber der seichte Verstand kann diese Wahrheit nicht erkennen, weil er ständig auf der Suche nach der Wahrheit ist. Eben dieses tätige Suchen macht ihn nämlich unfähig, der Wahrheit innezuwerden. Wahrheit ist Wirken, sie hat mit der zappelnden Tätigkeit des Seichten, des Suchers, des Ehrgeizigen nichts gemein. Wahrheit ist das Gute und das Schöne, nicht aber das Tun des Tänzers, des Planers und des Wortespinners. Die Wahrheit allein könnte den Seichten von seiner Seichtheit befreien, nicht aber sein ausgeklügeltes System, die Freiheit zu erarbeiten. Das Seichte, der Verstand, kann sich niemals selbst befreien, er kann sich nur von einer Abhängigkeit in die andere begeben, weil er sich von der jeweils nächsten ein Mehr an Freiheit erwartet. Dieses ›Mehr‹ ist aber niemals Freiheit, es ist gleichfalls nur ein bedingter, abhängiger Zustand, die bloße Ausweitung des ›Weniger‹. Der Werdedrang des Menschen, desjenigen, der Buddha oder ein Manager werden möchte, ist die typische Tätigkeit des Seichten. Die Seichten haben nämlich immer Angst vor dem, was sie sind, aber das, was sie sind, ist die Wahrheit. Wahrheit erblüht aus der stillen Beobachtung dessen, was *ist*, Wahrheit allein vermag es auch, das, was *ist*, zu verwandeln.

Gelehrt oder weise?

Der große Regen hatte den Staub und die Hitze vieler Monate weggewaschen, die Blätter waren wieder wie blank geputzt, und das junge Grün begann zu sprießen. Die ganze Nacht hindurch ließen unzählige Frösche ihr dumpfes Gequake hören, ab und zu nur gönnten sie sich eine kurze Pause, dann aber setzten sie ihr Konzert sogleich wieder fort. Der Strom glitt rasch dahin, und die Luft war weich und feucht. Die Regenfälle waren noch keineswegs vorüber. Wieder brauten sich dunkle Wolken zusammen, und die Sonne hatte sich dahinter versteckt. Die Erde, die Bäume, die ganze Natur schien auf ein neues Reinigungsbad zu warten. Der Weg war dunkelbraun, Kinder spielten in den Pfützen, sie backten Kuchen aus Sand oder bauten Schlösser und Häuser, die sie mit dicken Mauern umzogen. Nach den langen heißen Monaten lagen Freude und Verlockung in der Luft und frisches Grün begann sich bereits über die Erde zu breiten. Alles wurde neu. Dieses Neuwerden ist Unschuld.

Mein Besucher hielt sich für äußerst gelehrt, und Wissen schien den ganzen Inhalt seines Lebens auszumachen. Ein Leben ohne Kenntnisse wäre schlimmer für ihn gewesen als der Tod. Sein Wissen beschränkte sich nicht auf einige wenige Gegenstände, er zeigte sich vielmehr auf allen erdenklichen Gebieten des Lebens erstaunlich gut unterrichtet und sprach mit der Sicherheit des gewiegten Kenners über das Atom wie über den Kommunismus, über Astronomie wie über die jährliche Wasserführung des Stroms, über Diätfragen wie über das Problem der Überbevölkerung. Sein Wissen war offenbar sein ganzer Stolz, er verstand sich darauf, es wie ein geschickter Regisseur so eindrucksvoll vor seinen Zuhörern auszubreiten, daß es diesen vor Respekt die Sprache verschlug. Wissensfülle hat für die Menschen etwas Beängstigendes, darum begegnen sie dem Wissenden stets mit besonderer Achtung und Ehrfurcht. Sein Englisch war zuweilen schwer zu verstehen. Er hatte nämlich seine Heimat noch nie verlassen, besaß aber dort eine Menge ausländischer Bücher. Wissen war seine ganze Leidenschaft, er frönte ihm wie andere dem Alkohol, dem Kartenspiel und ähnlichen Genüssen.

»Was ist Weisheit, wenn sie nicht auf Wissen beruht? Und Sie sagen, man solle alles Wissen abschaffen! Ist denn Wissen nicht das Allerwichtigste? Wo wären wir, wenn wir es nicht besäßen? Dann lebten wir heute noch wie die Urmenschen, wir hätten keine Ahnung von der erstaunlichen Welt, in der wir leben, ohne Wissen gäbe es keine Möglichkeit, das Dasein, auf welcher Ebene auch immer, zu bestehen. Warum vertreten Sie mit solchem Nachdruck die Ansicht, Wissen verhindere die Erkenntnis?«

Wissen ist stets bedingt. Es macht uns abhängig und bringt daher keine Freiheit. Wir mögen wissen, wie man ein Flugzeug baut und damit in ein paar Stunden an das andere Ende der Welt fliegt, aber das macht uns nicht frei. Wissen ist niemals schöpferisch, weil es Zusammenhang und Fortdauer besitzt. Was aber dauert, bringt uns dem Unbedingten, dem Unwägbaren, dem Unbekannten nicht näher. Wissen ist ein Hindernis für das Einströmen des Unentschiedenen, des Unbekannten. Das Unbekannte kann nicht in das Gewand des Bekannten gekleidet werden, denn das Bekannte ist ja Gewesenes und haust in der Vergangenheit, die ständig die Gegenwart, das Unbekannte überschattet. Ohne Freiheit, ohne unabhängigen, aufgeschlossenen Geist gibt es kein Innewerden. Wissen führt nie zur Einsicht. Wahre Einsicht blitzt nur in der unmeßbar kurzen Spanne zwischen zwei Worten oder Gedanken auf. Diese Spanne ist Stille, die nicht durch Wissen gebrochen wird, sie ist aufgeschlossen, unwägbar und unbedingt.

»Aber ist denn Wissen nicht unendlich nutzbringend und wichtig? Wie könnten wir ohne Wissen Entdekkungen machen!«

Entdeckungen kommen nicht zustande, wenn der Verstand von Wissen überquillt, sondern wenn kein Wissen da ist. Dann allein haben wir nämlich jene Stille und Weite in uns, ohne die uns keine Einsicht und keine Entdeckung zuteil wird. Auf einer ganz bestimmten Ebene ist Wissen ohne Zweifel von Nutzen, auf einer anderen stiftet es ebenso sicher Schaden. Dient Wissen dem Ich dazu, sich vor der Welt groß zu machen und aufzublasen, dann bringt es Unheil, indem es zu Spaltung und Feindschaft führt. Alles auf Selbsterhöhung und Selbstausweitung gerichtete Streben des Ichs bedeutet nämlich Zerfall, gleichgültig, ob ihm dabei Gott, der Staat oder eine Ideologie als Vorspann dient. Auf einer Ebene unseres Seins ist Wissen allerdings notwendig, obwohl es auch hier zu Bindung und Abhängigkeit führt: die Sprache, die Technik und so weiter können wir nicht entbehren. Hier dient die Bindung unserem Schutz, sie schafft die Voraussetzung für unser äußeres Dasein und ist insoweit unentbehrlich und berechtigt. Sobald die gleiche Bindung aber auf das Gebiet des Geistigen übergreift, das heißt, wenn dieses Wissen der Herzensträgheit und der Selbstzufriedenheit Vorschub leistet, dann führt es unvermeidlich zu Konflikt und Verwirrung. Im übrigen: was verstehen wir eigentlich unter Wissen? Was wissen Sie zum Beispiel wirklich?

»Nun, ich glaube über alle möglichen Dinge Bescheid zu wissen.«

Sie meinen, Sie haben eine Fülle von Informationen und Daten über die verschiedensten Dinge zur Hand. Sie haben Tatsachen gesammelt – und was weiter? Kann Ihr Wissen um die Zerstörungen des Krieges etwa künftige Kriege verhindern? Sicherlich haben Sie auch eine Menge Daten über die gefährlichen Schäden bereit, die Zorn und Gewalttat in uns selbst und in der menschlichen Gesellschaft anrichten – hat aber dieses gesammelte Material dem Haß und der Zwietracht ein Ende gemacht?

»Das Wissen um die Wirkungen des Krieges führt natürlich nicht unmittelbar das Ende aller Kriege herbei, aber letzten Endes dient es doch der Festigung des Friedens. Die Menschen müssen aufgeklärt und unterrichtet werden, man muß ihnen die Folgen des Krieges wie überhaupt aller Konflikte und Streitigkeiten nachdrücklich vor Augen führen.«

›Die Menschen‹ sind Sie selbst und beliebige andere Leute. Sie verfügen nun über dieses gewaltige Arsenal an Kenntnissen und Informationen, aber sind Sie deshalb um ein Haar weniger ehrgeizig, weniger rücksichtslos, weniger ich-bezogen? Sie haben alle Revolutionen studiert und kennen die Geschichte menschlicher Gegensätze: Bewahrt Sie das davor, sich überlegen zu fühlen und Ihre persönliche Bedeutung zu betonen? Sie wissen um alles Elend und alle Katastrophen in der Welt – hat Sie dieses Wissen etwa zur Liebe geführt? Ich frage abermals: Was wissen wir? Wovon haben wir Kenntnis?

»Wissen ist die Summe von Erfahrungen, die die Menschheit in Jahrtausenden gesammelt hat. In einer Form ist es Überlieferung, in einer anderen ist es Intuition, beides stammt sowohl aus bewußten wie aus unbewußten Quellen. Unterbewußte Erinnerungen und überlieferte oder selbsterworbene Erfahrung leiten uns an und bestimmen unser Tun und Lassen. Jene verborgenen Erinnerungen aber, die sowohl dem Individuum wie der ganzen Rasse eigentümlich sind, haben deshalb noch besondere Bedeutung, weil sie dem Menschen Schutz und Hilfe gewähren. Und diesen unbezahlbaren Wissensschatz möchten Sie kurzerhand abgeschafft wissen?«

Handeln, das durch Angst verursacht und bestimmt wird, ist kein Handeln. Handeln, das aus den Vorurteilen, Ängsten, Hoffnungen oder Illusionen einer Rasse entspringt, ist abhängig und gebunden, und wir haben gesehen, daß solche Abhängigkeit nur weitere Konflikte und Leiden zur Folge hat. Sie selbst sind zum Beispiel als Brahmine an eine Überlieferung gebunden, die Jahrhunderte zurückreicht, darum reagieren Sie auf Einwirkungen von außen, auf soziale Wandlungen und Konflikte zwangsläufig als Brahmine. Sie reagieren also im Einklang mit Ihrer Bindung, Ihren früheren Erfahrungen und Ihrem Wissen. Das alles ist in jedem Augenblick mit wirksam, und so knüpft jede neue Erfahrung die alte Bindung fester. Erfahrung auf Grund einer Überzeugung oder einer Ideologie ist nur eine Erhaltung dieses Glaubens, eine Verewigung der Idee. Solche Erfahrung stärkt nur die schon vorhandene Überzeugung. Jede Idee wirkt trennend und Ihre Erfahrung *auf Grund* einer Idee macht Sie noch trennsüchtiger. Erfahrung als Wissen, als angehäufter Stoff macht nur abhängig und dient dem Ich lediglich als Mittel zur Selbsterhöhung. Wissen als Erfahrung auf geistiger Ebene hindert uns daran, Einsichten zu gewinnen.

»Wird denn die Erfahrung wirklich durch unsere Überzeugungen beeinflußt?«

Das liegt doch auf der Hand. Sie zum Beispiel sind durch Ihre besondere Gemeinschaft – die Ihr Ich auf einer anderen, erweiterten Ebene repräsentiert – daran gebunden, an Gott und eine soziale Schichtung zu glauben, ein anderer wiederum ist gebunden zu glauben, daß es keinen Gott gebe, und in den Kategorien einer von der Ihren grundverschiedenen Ideologie zu denken. Sie beide erfahren das Leben entsprechend Ihren verschiedenen Überzeugungen, aber alle solche Erfahrung ist ein Hindernis für das Einströmen des Unbekannten. Erfahrung, Wissen, das ja Erinnerung ist, sind auf gewissen Ebenen des Daseins bestimmt von Nutzen, aber als Mittel zur Seelenstärkung des Ichs bringen sie nur Illusionen und Schwierigkeiten hervor.

Was können wir noch in uns aufnehmen, wenn unser Geist bis zum Rande mit Erfahrungen, Erinnerungen und Kenntnissen angefüllt ist? Können wir noch etwas erleben, wenn wir wissen? Verhindert das Gewußte nicht alles Erleben? Wahrscheinlich kennen Sie den Namen jener Blume dort, aber hilft Ihnen das auch nur im mindesten, die Blume zu erleben? Zuerst kommt das Erleben, dann gibt man dem Erlebten einen Namen und verwandelt es dadurch in etwas Bleibendes, eine Erfahrung. Dieses Namengeben verhindert dann alles weitere Erleben. Müssen wir uns nicht vom Namengeben, von Assoziationen, von allem Erinnern freimachen, um wirklich erleben zu können?

Alles Wissen ist oberflächlich – wie aber könnte das Oberflächliche in die Tiefe führen? Kann der Verstand, das Ergebnis des Gewußten, des Vergangenen, je über seine eigenen Entwürfe und Vorstellungen hinausgelangen? Wenn es zu Entdeckungen kommen soll, muß er aufhören zu planen und zu entwerfen. Ohne seine Entwürfe hört er aber auf zu sein. Das Wissen, das Vergangene, kann nur planen und entwerfen, was im Bereich des Bekannten ist. Was aber nur mit Bekanntem operiert, kann niemals entdecken. Das Bekannte muß schweigen, damit Entdeckungen gelingen können, die Erfahrung muß schweigen, damit erlebt werden kann. Wissen ist ein Hindernis für das Innewerden.

»Was bleibt uns denn, wenn man uns unser Wissen, unsere Erfahrung und unsere Erinnerung nimmt? Was sind wir dann? Nichts.«

Sind Sie jetzt etwa mehr als das? Wenn Sie sagen,

›ohne Wissen sind wir nichts‹, dann stellen Sie nur mit Worten eine Behauptung auf, ohne daß Sie den Zustand, den Sie meinen, wirklich erlebten. Ist es nicht so? Was Sie zu dieser Behauptung veranlaßt, ist Ihre Angst – die Angst, nackt und bloß dazustehen. Ohne dieses ganze Drum und Dran von Wissen und so weiter sind Sie nichts – so ist es in der Tat. Warum schreckt Sie das? Warum wollen Sie es nicht wahrhaben? Wozu soll diese törichte Anmaßung gut sein? Wir haben das Nichts, das wir sind, mit Einbildungen, Hoffnungen und tröstlichen Ideen behängt, aber unter diesen Fetzen sind und bleiben wir nichts, und zwar nicht als gedachte philosophische Abstraktion, sondern in Wirklichkeit nichts. Das Erleben dieses Nichts-Seins ist der Beginn aller Weisheit.
Wie schämen wir uns einzugestehen, daß wir etwas nicht wissen! Wir suchen unser Nichtwissen durch einen Schwall von Worten und Ausflüchten zu vertuschen. Und doch kennen Sie in Wirklichkeit weder Ihre eigene Frau noch Ihre Nachbarn. Wie könnten Sie auch, da Sie sich selbst nicht kennen? Ich weiß, Sie haben eine Menge Auskünfte, Schlußfolgerungen und Erklärungen über sich selbst zur Hand, aber in Ihrer Bedingtheit haben Sie kein Organ für das, was *ist*, das Unbedingte. Die Erklärungen und Schlußfolgerungen, die wir kennen, verhindern nämlich das Erleben dessen, was *ist*.
Weisheit verlangt Unschuld. Wie aber könnten wir unsere Unschuld erneuern, ohne für die Vergangenheit zu sterben? Dieses Sterben vollzieht sich von Augenblick zu Augenblick, sterben heißt nicht mehr sammeln und häufen, der Erlebende muß für das Erlebte

gestorben sein. Ohne Erfahrung, ohne Wissen gibt es auch keinen Erlebenden mehr. Wahrhaft wissen heißt unwissend sein, nicht wissen ist der Beginn der Weisheit.

Das Gesetz der Stille

Der langgestreckte, geschwungene Strand war fast menschenleer, nur ein paar Fischer wanderten zu ihrem Dorf zurück, das unter hohen Palmen nahe der Küste lag. Sie spannen im Gehen ihr Garn, indem sie die Baumwolle auf ihren nackten Schenkeln rollten und den fertigen Faden auf eine Spule wickelten. Das Garn, das sie auf diese Art herstellten, war sehr fein und dabei doch fest. Einige gingen mit leichten federnden Schritten, andere zogen müde die Beine nach. Sie waren alle schlecht ernährt und mager, die Sonne hatte ihre Haut schwarzbraun gebrannt. Ein Junge kam singend und mit beschwingten, ausholenden Schritten vorüber, die Wogen rollten in ewigem Gleichmaß an den Strand. Sie waren trotz der schwachen Brise gewaltig hoch und zerstoben mit Donnergetöse in der Brandung. Der Mond war fast voll und stieg langsam aus dem blaugrünen Wasser, die Brecher leuchteten weiß über dem goldenen Sand.

Wie einfach ist im Grunde alles Leben, wie kompliziert und schwierig wird es unter unseren Händen! Leben ist in der Tat ein undurchschaubares Ineinander, dem man nur schlicht und einfach begegnen kann, aber eben diese Schlichtheit fehlt uns. Wenn man das Undurchschaubare, das Verwickelte nicht in Einfalt hinnehmen kann, wird man seiner niemals inne. Wir wissen zu viel, darum entgleitet uns das Leben, denn unser Zuviel ist immer noch so bitter wenig. Mit diesem Wenigen unterfangen wir uns, dem Unermeßlichen ein Maß anzulegen – ein hoffnungsloses Beginnen! Unsere Eitelkeit macht uns stumpf, Erfahrung und Wissen binden uns, und unterdessen gleitet der Strom des Lebens an uns vorbei. Mit jenem Knaben zu singen, mit den armen Fischern müde dahinzuwandern und auf dem Schenkel Garn zu spinnen, mit den Leuten im Dorf oder dem Pärchen im Wagen dort eins zu sein – nicht durch den Trick einer Idee, sondern in innerstem Erleben–, dazu bedarf es der Liebe. Liebe ist nie verwickelt, nie undurchschaubar, sie wird nur durch unser Denken entstellt und verzerrt, bis sie uns so erscheint. Das Denken nimmt uns ganz in Beschlag, darum wissen wir nichts von der Liebe. Was wir kennen, ist nur das Begehren und sein Wille, aber nicht die Liebe. Liebe ist die Flamme ohne Rauch. Der Rauch ist uns vertraut, er erfüllt Kopf und Herz mit seinem beißenden Qualm, bis es vor unseren Augen dunkel wird. Wir stehen nicht schlicht und demütig vor der Schönheit der Flamme, sondern quälen uns um sie. Wir leben nicht mit der Flamme und folgen nicht hurtig, wohin sie uns weht. Unser Zuviel an Wissen ist immer so jammervoll wenig, und doch verleitet es uns, die Liebe in seinen Rahmen zu spannen. Dabei schlüpft uns die Liebe durch die Finger, und uns bleibt nur der leere Rahmen. Nur wer weiß, daß er nichts weiß, ist einfach. Die Einfachen wandern leicht und erreichen ferne Ziele, weil sie nicht unter der Bürde des Wissens stöhnen.

Mein Begleiter war ein Sannyasi von einigem Ruf, er

trug die safrangelbe Kutte und hatte den für seinesgleichen typischen, in die Ferne gerichteten Blick. Er sagte mir, er habe sich schon vor vielen Jahren ganz aus der Welt zurückgezogen und sei jetzt bald so weit, daß ihn das Jenseits ebenso gleichgültig lasse wie das Diesseits. Er habe sich den strengsten Übungen unterworfen und vor allem seinen Körper auf das härteste in Zucht genommen. So habe er es zu vollendeter Beherrschung seines Atems und seines ganzen Nervensystems gebracht, und aus diesen Fähigkeiten erwachse ihm jetzt ein Gefühl überlegener Kraft, obwohl er nie danach gestrebt habe.

Ist dieses Kraftgefühl der echten Einsicht nicht ebenso abträglich wie die Kraft des Ehrgeizes und der Eitelkeit? Alle Gier, auch die nach dem Höchsten, verleiht ja dem Handeln ebensoviel Kraft und Nachdruck wie die Angst. Alles Kraft- und Machtbewußtsein stärkt die Selbstheit, das ›Ich‹ und das ›Mein‹. Ist aber nicht gerade dieses Ich das stärkste Hemmnis für das Offenbarwerden dessen, was *ist*?

»Das Niedere muß unterdrückt oder mit dem Höheren in Einklang gebracht werden. Es kommt darauf an, dem Widerstreit zwischen den Wünschen des Körpers und denen des Geistes unter allen Umständen ein Ende zu machen. Im Verlauf dieser Dressur spürt der Reiter seine überlegene Macht, aber er gebraucht sie allein, um höher hinauf oder tiefer hinab zu gelangen. Macht wird nur zum Verderben, wenn wir sie für uns selbst gebrauchen, nicht aber, wenn sie dazu dient, dem Erhabenen den Weg zu bereiten. Wille ist Macht, er weist uns die Richtung. Wenn wir ihn für persönliche Zwecke mißbrauchen, wirkt er zerstörend, lenken

wir ihn aber in die richtige Bahn, so bringt er uns Segen. Ohne Willen kommt es nie zum Handeln.«
Jeder Führer gebraucht seine Macht als Mittel zum Zweck, und der Privatmann hält es damit nicht anders. Der Führer behauptet allerdings, er nutze seine Macht nur zum Wohle des Ganzen, während der kleine Mann eingestandenermaßen für sich selbst sorgt. Das Ziel des Diktators, des Mannes der Macht, ist dennoch das gleiche wie das des Geführten, die beiden Ziele sind einander verzweifelt ähnlich, weil sie beide selbstgeschaffene Vorstellungen sind, das eine ist nur eine Ausweitung und Verallgemeinerung des anderen. Wir verdammen das eine und billigen das andere, aber werden denn nicht alle Ziele durch unsere eigenen Vorurteile, Neigungen, Ängste und Hoffnungen bestimmt und in die Welt gesetzt? Sie nutzen Ihren Willen, Ihre Kräfte und Ihre Macht, um dem Erhabenen den Weg zu bereiten, aber das Erhabene ist doch seinerseits Gegenstand unseres Verlangens, das heißt wiederum des Willens, seiner teilhaftig zu werden. So schafft sich der Wille seine eigenen Ziele und opfert und unterdrückt dann alles, um sie zu erreichen. Das Ziel ist immer der Wille selbst, der sich je nach der Lage als das Erhabene, den Staat oder die Ideologie zu bezeichnen pflegt.
»Kann man denn ohne die Kraft des Willens irgendeinem Konflikt ein Ende machen?«
Welchen Sinn hat es, einen Konflikt einfach zu unterdrücken, zu erhöhen oder durch irgendeine Ablenkung zu überkleistern, wenn wir uns nicht die Mühe machen, Einsicht in das Wesen des Konflikts als solchen und seine Entstehung zu gewinnen? Sie können

eine Krankheit unterdrücken, aber die Krankheit tritt dann über kurz oder lang in anderer Form von neuem in Erscheinung. Der Wille selbst, das ewige Ringen des Ichs, ist die eigentliche Wurzel des Konflikts. Wille ist zweckhaftes, zielstrebiges Begehren. Wenn wir uns darauf beschränken, das Begehren zu beherrschen, ohne uns über sein Wesen und seine Ursachen Gedanken zu machen, dann laufen wir nur Gefahr, daß es von neuem auflodert und Leid bringt. Alles Beherrschen und Überwachen ist nichts als Ausflucht. Sie mögen sich selbst oder ein Problem unter Kontrolle halten, aber Sie lernen dabei weder sich noch das Problem begreifen. Begreifen, innewerden, ist aber viel wichtiger als irgendein Ziel zu erreichen. Das Tun des Willens ist verderblich, denn alles zielgerichtete, zweckbestimmte Handeln führt zur Abkapselung des Ichs, zu Trennung und Absonderung. Es gelingt Ihnen nicht, den Konflikt, das Begehren zum Schweigen zu bringen, denn der sich darum bemüht, ist selbst das Ergebnis des Konflikts, des Begehrens. Der Denker samt seinen Gedanken ist nämlich auch nur eine Auswirkung des Begehrens. Wenn wir nicht innewerden, wie es um das Begehren bestellt ist, daß es vor allem nichts anderes ist als das Ich, an welchen Platz, ob hoch oder niedrig, es sich stellen mag, dann kommt unser Denken nie aus dem Teufelskreis des Irrtums heraus. Über den Willen, über das Begehren führt kein Weg zum Erhabenen. Das Erhabene kann sich nur entfalten, wenn der Urheber alles Strebens und Bemühens aufhört zu sein. Der Wille zeugt allen Konflikt, alles Begehren, zu ›werden‹ oder dem Erhabenen den Weg zu bereiten. Wenn das Denken, das sich aus lauter

Begehren zusammensetzt, ein Ende nimmt, ohne daß wir uns darum bemühen, dann breitet sich eine Stille in uns aus, die nicht gewollt und daher kein Ziel ist. Allein in dieser Stille kann sich das, was *ist*, die Wirklichkeit, entfalten.

»Gehört zu solcher Stille nicht in erster Linie Einfachheit?«

Was verstehen wir unter Einfachheit? Sich der Einfachheit verschreiben oder einfach sein?

»Man kann doch nicht einfach sein, ohne daß man sich das Ideal äußerer oder innerer Einfachheit ganz zu eigen macht.«

Offenbar geht es Ihnen darum, einfach zu *werden*, nicht wahr? Noch sind Sie kompliziert, aber Sie werden einfach, wenn Sie sich der Einfachheit verschreiben und sich etwa den Bauern oder den Mönch zum Vorbild wählen. Ich bin *dies* und werde *jenes*. Führt aber solches Streben wirklich zu Einfachheit und nicht nur zu ihrer Idee? Wenn ich mir das Ideal der Einfachheit noch so gründlich zu eigen mache, so bin ich darum noch lange nicht einfach. Bin ich etwa einfach, weil ich fortgesetzt behaupte, es zu sein, oder weil ich mich selbst für einfach halte? Einfachheit liegt im Erkennen dessen, was *ist*, nicht in dem Versuch, das, was *ist*, in Einfachheit zu verwandeln. Können Sie das, was *ist*, jemals in etwas verwandeln, das es *nicht* ist? Kann aus Gier, ob nach Gott, nach Geld oder nach Alkohol, je etwas werden, das nicht Gier ist? Alle Werte, denen wir uns verschreiben, entstammen der eigenen Vorstellung, ob sie das ›Erhabene‹, der Staat oder die Familie heißen. Alle Begeisterung, alle Hingabe, auf welcher Ebene auch immer, ist stets ein Werk des Ichs.

Einfachheit ist das Innewerden dessen, was *ist*, wie kompliziert es auch erscheinen mag. Das, was *ist*, wäre nicht schwer zu begreifen, was jedoch das Begreifen erschwert, ist die Ablenkung durch Vergleich, durch Verwerfen, durch positive oder negative Vorurteile und so weiter. Diese Einflüsse erst machen alles verwickelt und schwierig. Was *ist*, ist nie an sich kompliziert, es ist immer einfach. Was Sie *sind*, ist ebenfalls einfach zu verstehen, es wird erst durch Ihre kritische Betrachtungsweise kompliziert, darum müssen wir uns mit der Betrachtungsweise befassen, die so leicht zu Schwierigkeiten führt. Wenn Sie sich *nicht* verurteilen, dann sind Sie eben, wie Sie sind, und können wirken. Der Akt des Verurteilens führt sogleich zu Komplikationen, das Wirken dessen, was *ist*, ist einfach.

Für die Stille ist nichts anderes wesentlich als die Stille selbst, sie ist ihr eigener Beginn und ihr eigenes Ende. Sie hat keine Vorbedingung, denn sie *ist*. Es gibt keine Mittel, die zur Stille hinführen oder verhelfen können. Nur wenn die Stille etwas wäre, das erreicht oder gewonnen werden könnte, hätten die Mittel dazu Bedeutung. Könnte man sie erkaufen, dann wäre die Münze dazu wichtig, aber die Münze und was man dafür kaufen kann, sind nicht die Stille. Mittel sind geräuschvoll, gewaltsam oder in listiger Form auf Gewinn aus, und der Zweck gleicht ihnen dann aufs Haar, denn alle Zwecke sind in den Mitteln vorweggenommen. Ist der Anfang aber Schweigen, so ist auch das Ende Schweigen. Es gibt kein Mittel, zum Schweigen zu gelangen, das Schweigen stellt sich von selbst ein, wenn der Lärm ein Ende hat. Lärm läßt sich aber nicht durch weiteren Lärm beenden, den wir durch Streben, Zucht, Kasteiungen und Anspannung des Willens erzeugen. Werden Sie dieser Wahrheit inne, und die Stille ist da.

Gespräche

Über den Frieden[1]

Gestern haben wir über Konflikte gesprochen – nicht nur über die in unserem Innern sondern über die der Gesellschaft, in der wir leben – über Konflikte zwischen Nationen, Gruppen, verschiedenen Gurus und Ideologien. Seit Jahrhunderten leben die Menschen in einem Zustand des Dauerkonflikts, des Kampfes. Sie leben im Kampf miteinander, sie bringen einander um, sie zerstören das, was sie geschaffen haben und bauen es dann wieder auf. Seit fünftausend Jahren oder noch länger ist das der Hergang der Geschichte. Auch die meisten Religionen haben zu Kriegen geführt. So lebt der Mensch auf dieser Erde ohne Frieden. Es scheint fast unmöglich zu sein, daß man in Frieden lebt, daß man nicht nur in seinen persönlichen Beziehungen ohne Konflikt und Aggression lebt, sondern auch mit jenen, mit denen man nicht übereinstimmt oder die nicht denselben Glauben, dieselben Vorstellungen, dieselbe Kultur haben. Also gibt es diesen andauernden endlosen Kampf und Konflikt. Deshalb fragt man sich, ob man in dieser Welt ganz in Frieden leben kann. Nur im Frieden allein kann eine Blume blühen. Nur im Frieden allein kann der menschliche Geist, kann das menschliche Gehirn wirklich frei werden. Warum kann der Mensch, der soviel gelernt hat, der über so

[1] Gespräche in Brockwood Park, Hampshire (England) 1983

großes Wissen verfügt, Erfahrungen gemacht hat, warum kann er nicht in Frieden leben?
Wie wir gestern schon sagten, ist das hier keine Rede, kein Vortrag über ein bestimmtes Thema, über das Sie sich informieren oder über das Sie etwas lernen sollen. Vielmehr untersuchen wir diese Frage gemeinsam. Wir untersuchen vorurteilslos und vernünftig, ohne feste Schlußfolgerungen zu ziehen, warum wir Menschen auf dieser schönen Erde nicht in Frieden leben können. Es gibt verschiedene chemische Substanzen, die den Menschen friedlich machen können. Auch der Glaube wirkt – durch die Hoffnung, daß er dadurch friedlich werden würde – wie eine schwere Droge auf den Menschen. Die meisten von Ihnen glauben an eine Form des Erlösers, und dieser Glaube hält Sie halbwegs zahm.
Alle Weltreligionen lehren: meditiert, gehorcht, folgt, verletzt einander nicht, liebt Euch.
Doch trotz allem, oder gerade darum, lebt der Mensch nicht in Frieden und hat auch keine friedliche Gesellschaft geschaffen.
Warum? *Sie* stellen die Frage, nicht bloß ich.
Unterscheiden wir uns – ein jeder von uns – von der Welt da draußen? Sind Sie als Brite oder Franzose, als Amerikaner oder Russe oder Inder, oder welcher Nationalität Sie auch immer angehören mögen, sind Sie anders als die übrige Menschheit? Sind Sie abgetrennte Individuen, die getrennt kämpfen? Sind Sie getrennte Seelen, die ihre eigene Erfüllung, ihr eigenes Glück, ihre eigene Erlösung suchen und sich dabei mit etwas Edlem, Täuschendem, Eingebildetem identifizieren? Leben Sie auf dieser Erde abgesondert, ein jeder ge-

trennt vom anderen, abgetrennt von der übrigen Menschheit?
Diese Abtrennung, dieser sogenannte »Individualismus« könnte eine der Ursachen sein, warum die Menschen in ihren internationalen Beziehungen oder mit ihrem Nachbarn nicht in Frieden leben.
Bitte, Sie und der Sprecher stellen diese Fragen. Der Sprecher stellt diese Fragen nicht, damit Sie sie beantworten. Das ist eine Frage, der sich jeder von Ihnen stellen muß. Entweder stellen Sie sich der Frage intelligent, vernünftig und gescheit, oder Sie fliehen in irgendeine Art der Illusion.
Friede kann erst dann sein, wenn wir vollkommene Sicherheit haben, wenn wir sowohl von der äußeren als auch von der inneren Angst frei sind, d. h. frei sowohl von der psychologischen als auch von der durch die Umwelt bedingten Angst. Wir alle, selbst der größte Wissenschaftler und der ärmste ungebildete Dorfbewohner, brauchen diese Art der Freiheit. Wir alle wollen Sicherheit wie jedes Tier, wie alles, was lebt. Und wir haben keine Sicherheit. Wir suchen in den Religionen, im Glauben, in den Ideologien nach ihr, oder indem wir irgendeiner Autorität folgen. Und doch bleiben wir abgetrennt, unsicher. Jeder einzelne sucht nach seiner bestimmten Form der Sicherheit. Muß er da nicht unvermeidlich mit anderen in Konflikt geraten, die auch ihre eigene besondere Art der Sicherheit suchen? Liegt nicht eine der grundlegenden Ursachen für den Konflikt der Menschen in ihrem Denken, daß sie getrennte, abgesonderte Wesenheiten seien?
Sind Sie von der übrigen Menschheit getrennt? Verstehen Sie die Frage? Sind Sie Individuen? Suchen Sie als

Individuum Ihr eigenes Glück, Ihre eigenen Freuden, einsam in Ihren Illusionen, in Ihrer besonderen Art eingebildeter Hoffnung? Diese Frage sollte man vorsichtig beantworten und tief in sie eindringen. Liegt hier die Ursache für den Konflikt in der Welt? Wenn das die Ursache ist – und das ist vernünftig, wirklich, real – dann *müssen* wir uns damit befassen. Oder ist das echt illusorisch? Jeder von uns ist dazu erzogen worden zu denken, daß wir getrennte Individuen seien. Aber ist das eine *Tatsache*? Unser Bewußtsein besteht aus unserem Verhalten, unseren Reaktionen, unseren Freuden, Ängsten, Sorgen, Schmerzen und allen unseren Erfahrungen und unserem Wissen. *Alles das* ist unser Bewußtsein. Das *sind* wir, das *ist* ein jeder von uns. Unterscheidet sich dieses Bewußtsein von der übrigen Menschheit? Verstehen Sie meine Frage?

Wenn Sie reisen, wenn Sie, auch ohne zu reisen, beobachten, wenn Sie die Welt beobachten, sehen Sie, daß die ganze Menschheit mehr oder weniger dieselben Leidensformen durchmacht, die gleiche Angst, die gleiche Unsicherheit erlebt.

Jeder glaubt an irgendeine Art trügerischen Unsinns, ist voller Aberglaube, Angst und allem übrigen. Überall macht *jeder* Mensch das alles durch, ist unsicher, ungewiß, ängstlich, dauernd im Konflikt, mit großem Leid belastet. Das ist eine *Tatsache*. Unterscheidet sich also Ihr Bewußtsein von dem der übrigen Menscheit?

Ich mag Araber mit meiner besonderen islamischen Tradition sein, aber als Mensch, abgesehen von dem Etikett »Araber«, gehe ich durch den gleichen Aufruhr des Lebens wie Sie – durch Schmerz, Sorge, Eifersucht, Haß. Gibt es also einen Unterschied zwischen Ihnen und einem Araber, abgesehen von den Etiketten, abgesehen von der Kultur? Bitte, überlegen Sie das. Wie wir gestern schon sagten, versuchen wir hier nicht, Sie von irgend etwas zu überzeugen. Wir machen keine Propaganda, überreden Sie nicht, stimulieren Sie nicht; denn wenn man Sie überreden kann, kann auch ein anderer kommen und Sie zu anderem überreden. Deshalb muß man in dieser Angelegenheit selber ganz klar sein. Es ist ihre Psyche.

Die Psyche ist der Inhalt Ihres eigenen Bewußtseins, und dieses Bewußtsein wird von allen Menschen geteilt. Obgleich Sie äußerlich eine andere Kultur, andere Nahrung, andere Kleidung haben, wohlhabender sein mögen, sind Sie doch im Wesentlichen, ganz in der Tiefe die übrige Welt, und die Welt ist Sie. Vielleicht gefällt Ihnen das nicht, weil Sie von Kindheit an oder vielleicht sogar schon von der Zeit vor Ihrer Kindheit an durch Ihre Gene dazu gebracht wurden zu denken, daß Sie ein *getrenntes Individuum* sind. Gerade dieses stellen wir nicht subjektiv, sondern objektiv in Frage.

Untersuchen Sie unvoreingenommen und ohne voreilige Schlüsse zu ziehen, ob es möglich wäre, in dieser Welt in *vollkommener Freiheit* und Frieden und deshalb ordentlich zu leben. Sie müssen diese Frage stellen. Vielleicht sind Sie ein großer Wissenschaftler, ein großer Maler, ein wunderbarer Poet, aber der Wissenschaftler, der Poet, der Maler haben alle ihren eigenen Kummer und Sorge und Schmerzen wie wir anderen auch. Solange Sie denken, daß Sie abgetrennt seien, muß der Konflikt bestehen bleiben – der Konflikt zwischen dem Araber und dem Juden, dem Schwarzen und dem Weißen, dem Mohammedaner und dem

Hindu. Schenken Sie also bitte der Frage ernsthafte Beachtung. Wenden Sie Ihren Verstand an, akzeptieren Sie nicht bloß!

Ist also eine der Kriegsursachen, eine der Ursachen des Konflikts zwischen den Menschen dieses Getrenntsein, dieser Irrtum, daß jeder von uns etwas ganz anderes ist? Wenn Sie *nicht* abgetrennt sind, dann sind Sie die übrige Menschheit. Damit stellt sich eine große Verantwortlichkeit ein, die Sie vielleicht gar nicht haben möchten. Wir gehen der Verantwortlichkeit gern aus dem Weg.

Solange wir gewaltsam, aggressiv sind, tragen wir zu der Aggression und der Gewaltsamkeit der übrigen Menschheit bei. Das ist eine Tatsache. Wenn Sie die übrige Menschheit sind, sind Sie die Menschheit, nicht *ein Teil* der Menschheit. Sie sind die ganze Welt. Wenn Sie *Gefühl* dafür bekommen und diese Wahrheit erkennen, verändert sich Ihre Anschauung total.

Dann haben sie alle Spaltung beseitigt. Ich frage mich, ob Sie diese Wahrheit erkennen; nicht als Gefühlsduselei, nicht als romantische, utopische Vorstellung, sondern als Wirklichkeit, als *Tatsache*.

Wir wollen das jetzt genauer untersuchen. Der Konflikt zwischen mir und Ihnen, zwischen uns und Ihnen bleibt solange bestehen, wie wir voneinander gespalten sind. In unseren Beziehungen zwischen Mann und Frau (wie wir alle wissen), zwischen Ihnen und Ihrer Frau, zwischen der Familie und der Gemeinde, zwischen der Gemeinde und einer größeren Gemeinde usw. muß es weiterhin Konflikt geben.

Warum also gibt es in unseren Beziehungen Konflikte? Bitte stellen Sie sich diese Frage selber. Sie sind verheiratet und haben Kinder oder Sie sind nicht verheiratet, haben aber auf jeden Fall zwischenmenschliche Beziehungen. Konflikte werden solange bleiben, wie Mann oder Frau oder irgendjemand anderes sein eigenes Ziel verfolgt, seinem eigenen besonderen Ehrgeiz, seinem eigenen Gefühl von Erfüllung nachläuft. Das gilt sowohl fürs Sexuelle, als auch allgemein im Äußeren. Das ist eine Tatsache, nicht wahr? Die Frau folgt ihrer eigenen besonderen Art des Vergnügens, und der Mann folgt seinem Vergnügen. Auf diese Weise begegnen sie einander niemals wirklich.

Wäre es nun möglich, sich von diesem Abgetrenntsein zu befreien? Dazu muß man das, was man Zuneigung nennt, das Wesen der Liebe untersuchen. Wenn Sie ernsthaft sind – und das *müssen* Sie sein, wenn Sie sehen, was aus der Welt geworden ist, die unsicher, unordentlich, verdorben ist –, müssen Sie unausweichlich fragen: Warum gibt es in einer engen Beziehung neben Zuneigung, Toleranz, Annehmen auch Konflikt, Scheidung, Haß, diesen ganzen Aufruhr? Wäre es vielleicht möglich, daß man mit einem anderen *vollkommen* in Frieden lebt? Wahrscheinlich sind Sie alle verheiratet oder haben eine Freundin oder einen Freund. Was sagen Sie dazu? Es ist Ihr Leben. Sie müssen diese wirklich ernsten Fragen beantworten und dürfen ihnen nicht ausweichen.

Solange die Illusion von der Individualität Sie gefangen hält, müssen Sie diese Frage beantworten, gleichgültig wie eng, wie intim, wie persönlich Ihre Beziehung zu einem anderen ist, ob sie aus Gründen der Gemeinsamkeit besteht oder weil man der Einsamkeit entflieht. Das ganze Leben ist Beziehung. Wir können nicht beziehungslos leben. Wir haben eine Beziehung zur Natur, zum Universum, zu der kleinsten Blume auf der Wiese und auch Beziehungen zu anderen Menschen. Selbst der Mönch, der verschiedene Gelübde abgelegt hat, steht in Beziehung zu etwas oder jemandem. Und überall in den Beziehungen scheint es Konflikte zu geben. Sie müssen ganz nah beginnen, wenn Sie sehr weit gehen wollen. Sie müssen da beginnen, wo Sie sind, bei Ihrer Familie, bei sich selber. Entdecken Sie, ob Sie konfliktlos und daher in Frieden leben können.

Wie beobachten Sie das alles? Wie beobachten Sie diesen Konflikt, den gegenwärtigen Weltzustand und Ihre Beziehungen untereinander? Es ist nämlich sehr wichtig, daß man Wesen und Struktur des Beobachters versteht. Machen wir das hier gemeinsam oder halte ich ein Selbstgespräch? Ich würde das wirklich gern wissen. Gehen wir auf demselben Pfad? Machen wir die Reise gemeinsam? Spazieren wir vielleicht Hand in Hand zusammen oder sind Sie voraus, während ich weit hinten nachkomme?

Sie betrachten die Welt, Sie betrachten Ihre Beziehungen. Da wir Freunde sind, können wir einander fragen und dabei herausfinden, was jeder meint ohne einander zu verletzen. Und aus dieser Freundschaft heraus können wir Tiefe und Schönheit jener Beziehung verstehen, in der es keinen Konflikt gäbe. Solange es Konflikt gibt, zerstört er jede Beziehung. Beziehung ist ungeheuer wichtig. Sie ist unser Leben.

Angenommen Sie sind verheiratet und Sie erkennen, daß Sie wirklich wie zwei getrennte Wesen leben, indem Sie parallel verlaufenden Linien folgen und innerlich einander niemals begegnen. Wie beobachten Sie das nun? Wie beobachten Sie die Tatsache, daß Sie beide getrennt sind, jeder seinen eigenen Ehrgeiz hat, selber habgierig und auf eigene Weise reizbar ist? Wie beobachten Sie das? Ihre Beobachtung könnte voreingenommen und mit Vorurteilen belastet sein. Deshalb ist es sehr wichtig, daß Sie Ihr eigenes Wesen, den Beobachter, entdecken. Wenn Sie sich nicht darüber klar sind, wie Sie beobachten, auf welche Art Sie hinschauen sollen, dann könnten Sie das ganze Bild verzerren. Deshalb müssen Sie Ihr eigenes Wesen, den Beobachter, untersuchen, nicht wahr?

Wenn ein Wissenschaftler durch ein Mikroskop schaut, muß er sowohl subjektiv als auch objektiv sehr klar sein. Er muß unvoreingenommen und vorurteilslos schauen. Das Selbst darf sich nicht in seine Beobachtung einmischen, sonst wird seine Beobachtung verzerrt, unwahr, nicht den Tatsachen entsprechend sein. Auf ähnliche Weise müssen wir uns deshalb über die Art unserer Beobachtung im klaren sein. Wer ist der Beobachter? Sie schauen einen Baum an, Sie blicken auf eine Wiese mit Kühen oder Schafen, Sie sehen, wie der Horizont von der Morgensonne erhellt wird. Ihr Schauen wird von den Worten beeinträchtigt, die Sie zur Beschreibung dessen, was Sie sehen, verwenden. Verstehen Sie? Ich kann einen Franzosen ansehen und sagen: »Oh, er ist Franzose.« Das bedeutet, daß sich mein ganzes Wissen und alle meine Vorurteile über die Franzosen zwischen mich und die Beobachtung des Menschen, der Franzose ist, schiebt. Können Sie ihn also ohne Ihr Vorurteil, ohne Ihre Ideen, wie die Franzosen sind, ansehen? Können Sie das?

Der Beobachter ist die Vergangenheit. Der Beobachter ist voll von vergangenem Wissen und dieses Wissen, gleichgültig ob es unsinnig oder richtig ist, behindert seine Beobachtung.

Wenn Sie nun Ihre Beziehung zu Ihrer Frau oder Ihrem Mann betrachten wollen, müssen Sie ohne die Summe früherer Erlebnisse, ohne erworbenes Wissen beobachten. Ist das möglich? Wenn nicht, werden Sie Ihre Frau niemals zum *ersten* Mal sehen. Sie betrachten Sie durch die Erinnerungen von tausend Tagen. Das ist eine Tatsache. Sie schauen einen anderen durch die Brille des Wissens von der Vergangenheit an, und Wissen hat immer seine Grenzen. Man kann etwas Lebendiges niemals mit begrenztem Wissen betrachten. Man muß etwas Lebendiges ohne all das Gespeicherte, ohne Erfahrungen, Wissen aus der Vergangenheit, man muß es frei beobachten. Ist es nun also möglich, daß Sie Ihre Frau, oder Ihren Mann oder Ihre Freundin oder wer immer es ist ohne Erinnerungen aus der Vergangenheit ansehen?

Haben Sie jemals versucht, einen Baum ohne das Wort »Baum«, eine Blume ohne ihr Etikett anzuschauen, so daß Sie das, was wirklich *ist*, ohne irgendeine subjektive Reaktion beobachten?

Sehen Sie, das Gehirn ist ein Netz aus Worten, ein Netz aus Erinnerungen. Es ist niemals frei zu schauen, weil es von Identifizierungen geprägt wurde. Die Identität ist uns sehr wichtig. Wir haben ein Bild von uns selber oder von einer anderen Person, und dieses Bild, dieses Etikett vermittelt uns ein Gefühl der Sicherheit, eine Empfindung von Geborgenheit. Können wir ohne irgendwelche Identifizierung schauen, beobachten?

Tun Sie das jetzt? Oder werden Sie es erst versuchen, wenn Sie nach Hause fahren? Wenn Sie zuhören, tun Sie es *jetzt*! Vielleicht sitzen Sie neben Ihrer Frau oder Ihrem Mann, dann tun Sie es *jetzt*. Es ist der Akt der Erkenntnis, der die Spaltung aufhebt. Sie sollten es jetzt tun.

Das Tun kennt keine Zeit. Sie waren aufmerksam, haben zugehört. Sie sitzen neben Ihrer Frau. Sie sind eine ernsthafte Person. Sie erkennen, daß Sie sie nicht *frei* und ohne irgendwelche vergangenen Erlebnisse oder Erinnerungen anschauen. Und es ist für Sie wichtig, daß Sie mit ihr eine konfliktfreie Beziehung haben, weil Sie, wenn Sie so leben könnten, Frieden in Herz und Verstand haben. Im *selben Augenblick*, in dem Sie das hier hören und verstehen, führt dieses echte *Erkennen*, daß Sie im Konflikt sind und durch die Brille aller angehäuften Erinnerungen, die tot sind, schauen, zu einer anderen Art der Betrachtung. Im Augenblick des Erkennens der *Tatsache* liegt das eigentliche Tun – indem man der Zeit nicht gestattet, sich in das Tun einzumischen. Verstehen Sie?

Können Sie also sie oder ihn ohne irgendwelche alte Erinnerungen ansehen? Werden Sie das jetzt tun? Erkennen Sie, was das nach sich zieht; *tun Sie es*, und Sie werden dabei entdecken, wie stark Sie an die Vergangenheit gebunden sind. Alte Erinnerungen haften so sehr in Ihrem Kopf. Sie sagen, daß es unmöglich sei, ohne die Erinnerungen an gestern zu schauen. Deshalb geben Sie auf und folgen dem Altgewohnten, indem sie streiten, nörgeln, kämpfen, elend und unglücklich sind. Aber Sie könnten doch die Tatsache erkennen, daß es Konflikt zwischen zwei Menschen und deshalb in der übrigen Menschheit geben muß, solange Sie die Vorstellung haben, daß Sie ein »Individuum« sind und mit Ihren besonderen Erinnerungen leben. *Erkennen* heißt *handeln*. Wenn Sie die Handlung aufschieben, setzt das Zeit voraus. Während dieser Hinauszögerung geschehen andere Dinge, entstehen andere Verwicklungen. Folgen Sie? Deshalb bedeutet Handlung, zu erkennen und *sofort* zu handeln, so daß Ihrem Gehirn keine Zeit bleibt, an etwas festzuhalten und weitere Probleme heranzuführen.

Für die meisten von Ihnen bedeutet Handlung auch Konflikt. Wir möchten heute nicht ins Büro gehen, aber wir müssen etwas tun. Erkennen Sie doch, was wir tun. Wir geben ein außergewöhnliches Leben auf, ein Leben, das immens und ungewöhnlich schön ist, das große, unvorstellbare Tiefe birgt. Und doch verbringen wir es in einem Büro von neun bis fünf. Die Gesellschaft verlangt es, die Regierungen verlangen es. Vielleicht verlangt es Ihre Frau und Sie auch, weil es ziemlich langweilig scheint, zu Hause zu bleiben. Die ganze Gesellschaft ist so aufgebaut, daß wir arbeiten müssen. Es ist unser Ethos zu *arbeiten*. Und so lassen wir uns die Weite und Tiefe des Lebens entgehen.

Ich weiß nicht, ob Sie sich mit der Frage der Problembildung näher befaßt haben. Warum haben die Menschen überhaupt Probleme? Die etymologische Bedeutung des Wortes »Problem« ist: »etwas, das man auf Sie wirft«, eine Herausforderung. Von Kindheit an werden unsere Köpfe dazu erzogen, Probleme zu lösen. Arme Kinder! Jetzt bringt man schon den Kleinkindern im Alter von zwei Jahren bei, wie man zählt, wie man eine Sprache lernt. Von Kindheit an, in der Schule, im

College, in der Universität, im Geschäft, in der Familie wird *alles* zum Problem, das man lösen muß. So behandeln wir das Leben wie ein riesiges Problem. Darin sind unsere Köpfe geübt. Niemals begegnen wir irgend etwas leicht und gelöst, sondern alles wird zu einem schrecklichen Problem, das gelöst werden muß. Auf diese Weise ist auch Beziehung zu einem Problem geworden. Weil unsere Köpfe zur Problemlösung erzogen wurden, müssen wir, sobald wir denken, daß wir das eine Problem gelöst haben, uns anderen Problemen stellen, die gerade aus dieser Lösung erst entstehen. Haben Sie das schon mal bemerkt? Auch in der Politik ist das so. Sie hatten den Falklandkrieg, und aus diesem sind zahllose Probleme entstanden.

Können Sie also das Leben nicht als Problem anschauen, obgleich es echte Probleme gibt? Sehen Sie den Unterschied? Es gibt echte Probleme, gesundheitliche Probleme, Steuerprobleme. Diese Probleme gibt es im täglichen Leben. Aber wenn Ihr Gehirn von den psychologischen Problemen befreit ist, dann können Sie diese täglichen Probleme leicht lösen. Wenn Ihr Gehirn dazu erzogen, dahingehend geprägt wurde, sich mit Problemen zu befassen, vermehren Sie die Probleme. Ich frage mich, ob Sie das erkennen?

Ihr Gehirn ist mit psychologischen Problemen belastet. Zum Beispiel gibt es da den Glauben an Gott. So entsteht das Problem, ob Gott existiert oder nicht existiert. Die meisten Christen glauben, daß es Gott gibt. Sie glauben, daß er existiert. Ihr Nachbar glaubt es nicht. Sind Sie gewillt zu untersuchen, ob Gott existiert, ohne daraus ein Problem zu machen? Können Sie diese Frage anschauen und herausfinden, warum der Mensch in allen Zeitaltern Gott erfunden hat? Erfunden – ich verwende dieses Wort bewußt. Der Mensch hat Gott erfunden, weil er *Angst* hat. Er braucht jemanden, eine äußere Agentur, die ihn beschützt, ihm Geborgenheit vermittelt, ihm das Gefühl geben soll, daß jemand da draußen auf ihn aufpaßt. Diese Vorstellung schenkt großen Trost. Es spielt keine Rolle, ob das eine Illusion oder ob es wirklich so ist. Solange Sie diesen Glauben haben, wird dieser zu Problemen führen, obgleich er Ihnen Trost schenken mag.

Wenn Sie einen festen Glauben haben, würden Sie ihn anzweifeln, in Frage stellen, entdecken wollen? Oder haben Sie solche Angst, Ihren Glauben verlieren zu können, daß Sie nicht einmal darüber nachdenken? Verstehen Sie? Wenn man entdecken will, ob es etwas gibt, das das menschliche Ermessen überschreitet, müssen Sie frei zur Untersuchung, frei zur Beobachtung sein. Solange der Beobachter, der Untersuchende Vorurteile hat, zutiefst von etwas überzeugt ist, obgleich er meint, er würde untersuchen, solange wird seine Untersuchung seinen Überzeugungen gemäß ausfallen. Kann also das Gehirn frei sein zu *schauen*, frei sein, Ihre Frau, Ihren Mann, Ihren Guru, die ganze Welt ohne den Hintergrund Ihrer Tradition, Ihrer Wertvorstellungen, Urteile, Erinnerungen anzuschauen? Wenn ja, dann wirkt das Gehirn in seiner Ganzheit und nicht fragmentarisch.

Die meisten Menschen funktionieren nur in einem Teilbereich, durch einen sehr kleinen Teil des Gehirns. Deshalb ist ihre Lebensanschauung fragmentarisch. Nur ein Teilbereich ihres Gehirns ist während des

Lebens aktiv, und deshalb funktioniert das Gehirn nicht in seiner Ganzheit. Sie wollen also entdecken, ob das Gehirn *ganzheitlich, vollkommen* arbeiten kann. Ist es Ihnen ernst, wenn Sie sagen: »Ich will entdecken, ob das Gehirn, das jetzt sehr begrenzt ist (weil alles Wissen seine Grenzen hat) in seiner *Ganzheit* arbeiten kann?« Sie müssen *ganz sicher* sein, ob Sie wirklich erkannt haben, daß alles Wissen – egal ob es vergangenes oder zukünftiges Wissen ist –, daß *alles* Wissen ewig Grenzen hat. Die wissenschaftliche Welt erkennt das mehr und mehr. Kein Wissenschaftler kann jemals sagen: »Mein Wissen ist perfekt.«

So ist Wissen immer unvollkommen. Und da Wissen unvollkommen ist, ist das *Denken* unvollkommen. Denken wird aus Wissen geboren, das Erinnerung ist. Deshalb hat die Denkfähigkeit ihre Grenzen. Ohne Erinnerung gibt es kein Denken. Ohne Wissen gibt es kein Denken. Und wir funktionieren nur mittels begrenzten Denkens, das auf Erinnerung gründet. Ich frage mich, ob Sie dem folgen?

Meine Gedanken und Ihre Gedanken, die Gedanken des großen Wissenschaftlers oder die des ungebildeten Individuums – alles Denken ist ähnlich. Gedanken mögen unterschiedlich ausgedrückt werden, aber wie immer sie ausgedrückt werden, bleibt das Denken *begrenzt*. Solange unser Denken die Grundlage unseres Lebens ist, die Grundlage unserer Handlung, kann das Gehirn niemals in seiner Ganzheit funktionieren. Bitte, erkennen Sie die Logik, die darin liegt. Unser Leben ist fragmentarisch: Ich bin Wissenschaftler, ich bin Geschäftsmann, ich bin Maler usw. usw. Wir leben alle in Kategorien. Und weil wir in Kategorien denken, ist unser Leben fragmentarisch. Erkennen Sie das als eine *Tatsache*? Sie sind alle voller Zweifel, nicht wahr? Weil wir jetzt bis an die *Wurzel* Ihres Lebens hinunterschneiden, die das *Denken* ist. Der Mensch hat wunderbare Kathedralen, große Architektur geschaffen, er hat raffiniertes Kriegsgerät, Computer usw. erfunden. Das sind alles Produkte des Denkens. Und genauso ist es mit der Religion – all die Meßgewänder, all der Putz sind vom Denken erschaffen worden. Und es ist das Denken, das Gott erfunden hat.

Nun entsteht die Frage, ob das Denken überhaupt ausgemerzt werden sollte. Und wer ist dann die Wesenheit, die alles Denken ausmerzen wird? Das wäre immer noch Gedanke, nicht wahr? Ich frage mich, ob Sie das erkennen? Es ist der Zweck Ihrer Meditation – falls sich irgendjemand von Ihnen damit befaßt – das Denken abzustellen. Aber Sie prüfen niemals nach, wer derjenige ist, der das abstellen soll, der da sagt, »ich darf nicht denken.« Es ist immer noch Gedanke, der sagt: »Bei Gott, wenn ich nicht denken würde, könnte ich irgend etwas erreichen!« Aber Denken ist eine Notwendigkeit. Wissen ist in bestimmten Bereichen notwendig. Sonst könnten Sie nicht Ihr tägliches Leben weiterführen. Sie könnten nicht englisch sprechen, Sie könnten nicht Autofahren usw. Deshalb ist das Denken in bestimmten Bereichen notwendig.

Aber im *psychologischen Bereich* ist Denken das Instrument der Zersplitterung. Die Welt der Psyche wird erst vom Gedanken erschaffen, und dieser Gedanke ist *überhaupt nicht* notwendig. Wir wenden das Denken psychologisch in unseren Beziehungen an, und das ist der Umstand, der zur Spaltung führt. Einige von Ihnen erkennen das und fragen: »Wie werde ich das psychologische Denken los?« Die Antwort lautet: Man muß es erkennen, man muß seine *Gefahr* sehen und nicht daran denken, wie man es los wird. Sobald Sie eine Gefahr *erkannt* haben, wie Sie einen Abgrund oder ein gefährliches Tier erkennen würden, entfernen Sie sich von der Gefahr. Wenn Sie die Gefahr, die das Denken im psychologischen Bereich birgt, sorgfältig und vorurteilslos beobachten, wird das Denken nur noch da angewandt werden, wofür es beabsichtigt war.

Bitte, denken Sie daran, daß hier kein Vortrag mit bestimmter Thematik gehalten wird, über die Sie sich informieren oder aus der Sie lernen sollten. Wir sprechen miteinander über unsere menschlichen Probleme: Nicht nur über Probleme unseres täglichen Lebens mit der ganzen Mühe des Daseins, sondern darüber hinaus wollen wir auf die noch tiefere Frage eingehen, was jenseits aller Zeit liegt, was die Quelle, der Ursprung aller Schöpfung ist. Und wenn man sich in diesen Bereich begeben will, muß man gewiß bei dem beginnen, was wir selber sind, bei unserem Bewußtseinsinhalt, bei unseren Reaktionen, unseren Sorgen, unserer Einsamkeit, unseren Depressionen, Hochstimmungen, Ängsten und der Fortdauer des Vergnügens. Und man muß auch untersuchen, ob es möglich wäre, allem Leid ein Ende zu setzen.

Wir sollten auch die Eigenart des Sterbens untersuchen und was Religion, Meditation und die ganze

Einschränkung durch die Zeit ist. Wir wollen sehr tief auf diese Fragen eingehen, denn wenn wir nur die Oberfläche ankratzen, wie wir das für gewöhnlich tun, entdecken wir nur sehr wenig.
Können wir uns eingehend mit der Frage befassen, ob die Inhalte unseres Bewußtseins jemals ein Ende haben können? Das heißt, ob unsere psychologischen Verletzungen, Schmerzen, Ängste, Erinnerungen, an die wir uns klammern, die Freuden, der Kummer und das Leid aufhören können. Kann das alles, das ja unser Bewußtsein ausmacht und das ist, was wir sind, aufhören?
Die meisten von uns sind nur an sich selber, an den eigenen Leistungen, am eigenen Erfolg oder Versagen interessiert. Wir messen unserem Tun kleiner Dinge große Bedeutung bei. Kann das alles aufhören, und können wir etwas ganz Neues entdecken? Nicht nur entdecken, sondern erfahren? Wir müssen mit diesem Wort »Erfahrung« sehr vorsichtig umgehen. In Wirklichkeit gibt es gar nichts zu erfahren. Wenn man sowohl die Zeit als auch die Angst überschreiten würde – sofern das möglich wäre – gäbe es dann noch irgend etwas zu erfahren?
Wir wollen uns nun gemeinsam damit befassen. Sie hören nicht bloß dem Sprecher zu, hören nicht bloß eine Menge zusammengefügter Worte und Gedanken, sondern wir wollen gemeinsam untersuchen, ob die bedrückende Prägung und Programmierung unserer Gehirne enden kann.
Das alles setzt sehr viel ernste Absicht und beachtliche Aufmerksamkeit voraus. Wenn Sie gewillt sind, dem nicht nur oberflächliches sondern tiefergehendes Interesse zu schenken, können wir uns vielleicht gemein-

sam damit beschäftigen und sehen, ob es etwas Unendliches gibt, jenseits aller Zeit.

Erkennen Sie zunächst einmal, daß das Denken ein materieller Vorgang ist und deshalb begrenzt ist? Erkennen Sie, daß Handlung, die auf diesem einschränkenden Vorgang gründet, unvermeidlich Konflikt nach sich ziehen muß? Denken ist ein materieller Vorgang. Materie ist begrenzte Energie. Und unser gesamter Bewußtseinsinhalt ist das Ergebnis des materiellen gedanklichen Vorganges. Wir haben wieder und wieder gesagt, daß das Denken ein materieller Vorgang ist. Unser Bewußtseinsinhalt mit seinen Reaktionen und Erwiderungen ist durch den materiellen Vorgang des Denkens zusammengefügt worden, des Denkens, das begrenzt ist. Deshalb ist unser Bewußtsein – und das ist das, was wir sind, gleichgültig, was wir meinen, was wir seien – immer begrenzt.

Wenn Sie mit sich selber, mit Ihren Problemen, Ihren Beziehungen, Ihrem Status in der Gesellschaft usw. beschäftigt sind, ist diese Beschäftigung eine sehr kleine, eine beschränkte Sache. Erkennen Sie das wirklich oder ist es nur eine Idee, die man untersucht hat und aus der man seine Schlußfolgerung gezogen hat, um dann zu sagen: »Ich bin das«? Oder erkennen Sie augenblicklich, sofort, daß jede selbstsüchtige Aktivität sehr sehr beschränkt ist – gleichgültig ob im Namen der Religion, des Friedens, im Namen eines gut geführten Lebens usw. –, daß diese selbstsüchtige Aktivität immer beschränkt ist und aus diesem Grund Konflikt verursacht? Erkennen Sie das wirklich? Oder ist es bloß eine Idee? Sehen Sie den Unterschied zwischen der *Wirklichkeit* und der *Idee*?

Wenn Sie der Idee folgen, dann folgen Sie einer Art Illusion. Aber wenn Sie wirklich erkennen, daß diese selbstsüchtige, egoistische Aktivität sehr sehr klein und abgesondert ist, dann haben Sie erkannt, daß hierin die Grundursache der Konflikte liegt.

Ich frage mich, wieviele von Ihnen dieses hier hören und es auch wirklich erkennen. Das Selbst, die Psyche, die Person ist der gesamte Inhalt Ihres Bewußtseins, ist Ihre ganze Prägung, die viele jahrtausendelang programmiert wurde. Diese macht die ganze Basis und Struktur des Wissens aus.

Verstehen wir uns? Klarheit und Kommunikation sollten gegeben sein, wenn wir jetzt diese enormen, schwierigen Probleme des Lebens anschauen, unser tägliches monotones, langweiliges, aufregendes Leben in der Verfolgung und Befriedigung verschiedener Vergnügungsformen. Und am Ende, gleichgültig ob Sie ein prima Leben oder ein elendes hatten, hört alles mit dem Tode auf.

Im allgemeinen ist Ihr Leben hohl. Sie bemühen sich, dieser Hohlheit einen Sinn zu geben, aber auch dieser Sinn ist wiederum hohl. Können Sie heute vormittag, während Sie das alles erkennen, selber entdecken, erforschen, was Sie *in Wirklichkeit* sind und diese Schranken einreißen und wenn möglich darüber hinaus fortschreiten?

Ein Faktor unseres Bewußtseinsinhaltes ist die *Angst*. Die meisten von Ihnen wissen, was Angst ist, ob sie nun oberflächlich ist oder tief in den Schlupfwinkeln Ihres Gehirns vergraben. Sie haben alle vor irgend etwas Angst. Kann also diese Angst im Psychologischen aufhören? Fangen Sie da an. Dann können Sie

fragen, ob es auch körperliche Ängste gibt und in welchem Verhältnis sie zu psychologischen Ängsten stehen.
Wir wollen jetzt gemeinsam das *Wesen* – nicht die verschiedenen Formen – der Angst untersuchen. Sie mögen Angst vor dem Tod, Angst vor Ihrer Frau oder Ihrem Mann haben. Sie können vor verschiedenen Dingen Angst haben. Wir befassen uns aber mit Angst an sich, nicht mit der Angst vor irgend etwas, vor der Vergangenheit oder der Zukunft. Wir befassen uns mit der eigentlichen Reaktion, die man *Angst* nennt. Verstehen wir uns?
Was ist also die Ursache, was ist die Wurzel der Angst? Ist es das Denken und ist es die Zeit? Ist es Gedanke, das Nachdenken über die Zukunft oder über die Vergangenheit? Und wenn ja, ist dann das *Denken* eine der Ursachen der Angst? Und ist auch die *Zeit* eine der Ursachen, wie z. B. unsere Angst vor dem Altwerden – wir werden alle alt. Vom Augenblick unserer Geburt an altern wir bereits. Die Zeit als *Zukunft*, nicht die nach der Uhr, nicht die, gemessen an Tagen oder Jahren, sondern die Zeit als Fortschreiten von dem, was ist auf das zu, was sein sollte, was sein könnte, und Zeit als die Vergangenheit, als das was war. Wir meinen diesen ganzen im Psychologischen ablaufenden zeitlichen Vorgang. Sie erinnern sich an irgendeinen körperlichen oder psychischen Schmerz, der vor ein paar Wochen auftrat und während Sie sich daran erinnern, haben Sie Angst, daß er wiederkommen könnte. Ist das eine der Ursachen der Angst?
Sind also Zeit und Denken die Ursachen der Angst? Denken ist die Reaktion auf Gedächtnis, das Wissen

und Erfahrung ist. Wissen gehört der Zeit und dem Denken an. Und Wissen mag eine der Ursachen der Angst sein. Folgen Sie?

Wir sagen, daß die Zeit, das Denken und das Wissen, die alle in einem einheitlichen Vorgang wirklich miteinander verbunden sind, die Ursache von Angst sein können. Und sie *sind* die Ursache der Angst. Wenn Sie das auch nur intellektuell, nur wörtlich erkennen würden, wäre es dann möglich, der Angst ein Ende zu bereiten? Wie lautet Ihre Antwort? Sie erwarten von mir, daß ich es Ihnen sage. Und das zeigt, daß Ihr Gehirn dahingehend geprägt, trainiert, erzogen wurde, daß es von jemandem lernt, daß ein anderer Sie unterrichtet. Und hier weigern wir uns, Sie zu unterweisen oder Ihnen zu sagen, was Sie tun sollen.

Wir sind beieinander. Bitte, es ist wichtig, daß Sie verstehen, was das bedeutet »beieinander«. Es bedeutet nicht, daß Sie oder ich getrennt arbeiten. Wir wollen gemeinsam den ganzen Vorgang der Angst anschauen und erkennen, was damit verbunden ist. Warum die Menschheit seit Jahrtausenden diese Angst gebiert und sie nicht aufgelöst hat. Die Menschheit hat die Angst weitergegeben und sie als Norm des Lebens, als eine Lebensart hingenommen. Fangen Sie mit der Frage an, wie wir das jetzt tun, ob die psychologische Angst aufhören kann. Wenn das möglich werden soll, müssen Sie die *Ursache* der psychologischen Angst verstehen. Und wo eine Ursache ist, gibt es auch ein Ende. Wenn Sie eine Krankheit haben und diagnostisch die Ursache finden, kann die Krankheit aufhören. Wenn Sie auf ähnliche Weise die Ursache, den Grund, die grundlegende Ursache der Angst finden können, dann kann die Angst enden.

Wir sagen, daß Zeit und Denken oder Zeit-Denken – was nicht zwei voneinander getrennte Dinge sind – die Wurzel der Angst ist. Das Fortschreiten der Zeit und des Verlangens ist im wesentlichen Gedanke. Gedanke ist die Wurzel der Angst.

Erkennen Sie das jetzt *tatsächlich*? Wie schauen Sie dann diese Tatsache an? Angenommen Sie erkennen, daß das Denken in seiner ganzen Kompliziertheit neben der Zeit die Wurzel der Angst ist. Wie erkennen, wie empfinden Sie das? Wie werden Sie sich dessen bewußt? Verstehen Sie meine Frage? Sehen Sie Zeit-Denken als etwas an, das von Ihnen selber getrennt ist, oder erkennen Sie: *Ich bin das?*

Ich bin Ärger, nicht wahr? Ärger ist nicht etwas, das getrennt von mir existiert. Ich bin Neid, Eifersucht, Sorge, nicht wahr? Ich möchte gern glauben, daß das etwas ist, das getrennt von mir existiert und das ich beherrschen kann. Aber Tatsache ist, daß ich das alles bin. Und ich bin auch die beherrschende Instanz, nicht wahr? Deshalb gibt es keine Spaltung zwischen mir selber und der Gier, dem Ärger, der Eifersucht. Das alles *bin* ich. Ich, der Beobachter.

Wie schauen Sie nun diese Tatsache, daß Zeit-Denken Angst ist, an? Wie beobachten Sie das? Wie schauen Sie es an? Schauen Sie es als etwas an, das von Ihnen getrennt ist? Oder *sind Sie* das? Wenn Sie das sind und es nicht von Ihnen getrennt ist, hört alle Handlung auf, nicht wahr? Vorher haben Sie versucht, sie zu beherrschen, sie zu unterdrücken, die Angst zu rationalisie-

ren. Jetzt erkennen Sie, daß Sie das alles selber sind und deshalb hört der ganze zeitliche und gedankliche Vorgang auf.
Verstehen wir einander? Einige von uns, vielleicht zwei von uns? Sie sind alle so sehr bereit zu handeln. Aber Sie müssen das Ganze beobachten – ohne das Gefühl, etwas tun zu müssen. Es einfach *beobachten*, ohne irgendeine Reaktion oder Entgegnung auf das, *was* sie beobachten.
Jetzt sollten wir uns mit der Frage befassen, warum der Mensch leidet, und ob das Leiden – nicht nur das persönliche, sondern das große Leid der ganzen Menschheit – enden kann.
Wir leiden alle auf die eine oder andere Art. Der dumme Mensch leidet ebenso wie der größte Intellektuelle, der Gebildete. Jeder Mensch auf Erden leidet. Und wir stellen die ernste Frage, ob dieses Leiden aufhören kann. (Es gibt Leute, die es genießen zu leiden und neurotisch werden.
Wir wollen nicht über diese Leute sprechen, die das Leid genießen und meinen, daß es Ihnen auf irgendeine Art helfen wird, das Universum, das Leben zu verstehen.)
Man leidet also. Meine Mutter ist tot, dahingegangen. Aber die Erinnerung an sie bleibt, die Erinnerung an ihre Gesellschaft, an ihre Zuneigung, meine Liebe zu ihr, usw. Die Erinnerung bleibt. Und ist diese Erinnerung Leid? Ich habe meine Frau verloren. Ist ihr Tod, ist der Verlust das wahre Leiden? Oder ist es so, daß der Verlust verschiedene Erinnerungen weckt, Erinnerungen, die das Leiden verursachen und dazu führen, daß man weint?

Von Anfang an hat der Mensch Kriege geführt und Tausende von Menschen getötet. Seit langem ist das das Muster des menschlichen Daseins – Krieg auf Krieg, in dem Millionen getötet werden. Und wir folgen immer noch diesem Kriegspfad, der so ungeheuerliches Leid über die Menschheit gebracht hat.

Sie haben auch Ihr eigenes, Ihr persönliches Leid. Aber Leid ist dasselbe, egal ob Sie leiden oder ich leide. Ich identifiziere mich gern mit *meinem* Schmerz, und Sie identifizieren sich mit *Ihrem* Schmerz.

Aber Ihr Schmerz und mein Schmerz sind dasselbe. Der Gegenstand des Schmerzes mag ein anderer sein, aber Schmerz ist Schmerz und deshalb nicht *persönlich*. Ob Sie das erkennen? Es ist sehr schwierig, diese Wahrheit zu sehen.

Sie leiden, und ich leide. Sie leiden aus einem bestimmten Grund, und ich leide aus einem anderen. Ich identifiziere mich mit meinem besonderen Schmerz, und Sie tun das mit dem Ihren. Auf diese Weise sondern wir uns voneinander ab. Dann entdecken wir Wege und Möglichkeiten, den Schmerz zu unterdrücken, ihn zu erklären. Erkennen Sie aber, daß der Schmerz der der ganzen Menschheit ist? Sie sind die übrige Menschheit, weil Sie Angst haben, weil Sie wie die übrige Menschheit Schmerzen, Freuden und Sorgen haben. Wenn Sie erkennen, daß das Leid nicht *Ihr* Leid ist, dann wird das persönliche Leid zu einer sehr kleinen Angelegenheit.

Wir sind die ganze Menschheit, wir sind die übrige Menschheit, und wo Leid ist, ist es das Leid des *Menschen*. Sobald Sie das erkennen, verändert sich Ihre Haltung, mit der Sie das Problem angehen. Verstehen

Sie? Es ist dann nicht mehr *mein* Leid: »Bitte, lieber Gott, hilf mir, es zu überwinden«, das wird dann alles zu so einer kleinen persönlichen Angelegenheit.
Das Leiden wird zu einer enormen Angelegenheit, die man sehr genau anschauen muß, wenn es mit dem Leiden der übrigen Menschheit identisch ist. Wenn nur ein einziger Mensch das Wesen des Leidens verstanden hat und darüber hinauswächst, hilft das der ganzen Menschheit.
Wir haben bereits gefragt, ob das Leiden eine Erinnerung ist. Der Vater oder die Mutter, deren Sohn im Krieg gefallen ist, erinnern sich an alles, was der Sohn tat. Sie erinnern sich an seinen Tod und an die Geburt – die Fotos, alle Erlebnisse und Unfälle, an das Gelächter und an die Tränen, an die Schelte, verstehen Sie? Deshalb fragen wir, ob das Leid ein Teil dieses fortdauernden Gedächtnisses ist. Und wenn es das Gedächtnis ist, dann reduzieren Sie es bitte nicht bloß auf die Worte. Das Gedächtnis birgt einen gewaltigen Inhalt. Das Gedächtnis ist Leid. Kann dieses Gedächtnis – nicht nur die Erinnerung an meinen besonderen Sohn – das Gedächtnis, das das Leid der Menschheit birgt – kann dieses Gedächtnis enden? Verstehen Sie?
Deshalb müssen wir nicht nur eine bestimmte Erinnerung sondern den *ganzen* psychologischen Gedächtnisvorgang untersuchen. Wir leben von Erinnerungen. Wir *sind* Erinnerungen. Wir sind die Welt, die Reaktion auf diese Welt, die Freuden, die wir aus dieser Welt beziehen, die Erinnerungen an all die Dinge, die einmal waren – dieses Symbol, dieses Erlebnis, dieser Unfall, die alle im Gehirn gespeichert sind und die geweckt werden, wenn etwas stattfindet. Das Ge-

dächtnis ist die Vergangenheit, nicht wahr? Deshalb sind wir Vergangenheit. Kann dieses Fortschreiten der Vergangenheit, welches die Zeit ist, was Gedanke ist, aufhören? Kann dieser ganze psychologische Vorgang, der auf dem Gedächtnis gründet, aufhören? (Nicht das Denken im alltäglichen Leben. Wir sprechen hier nicht vom Denken, das unerläßlich ist, wenn man Auto fahren will, einen Brief, ein Gedicht schreibt, wenn man dies oder jenes tut. In dem Bereich ist Denken unbedingt erforderlich.)
Wir stellen eine viel tiefergehende Frage, nämlich: Kann das Selbst, das Ich, das Ego, diese ganze selbstsüchtige Aktivität, die das Fortschreiten psychologischer Erinnerung ist, kann dieses Selbst *enden*? Kann es ohne Disziplin, ohne Beherrschung, ohne Unterdrükkung, ohne die Identifizierung mit etwas Größerem – was immer noch ein selbstischer Vorgang wäre – enden? Kann dieses Selbst enden? Sie könnten dann fragen: Wenn das Selbst aufhörte, was für einen Platz hätte ich dann, was für einen Platz gäbe es für mich in der Gesellschaft? Was soll ich dann machen? Erst beenden Sie es und dann finden Sie heraus! Nicht anders herum.

Das ist eine sehr sehr ernste Frage. Niemand kann Ihnen das sagen, wie das Selbst zu beenden ist. Beobachten Sie immer nur alle diese Tatsachen ohne irgendwelche Reaktionen. Beobachten Sie die Tatsache, daß Sie psychologisch gekränkt sind, weil Ihre Tochter, Ihr Sohn, Ihr Vater irgendetwas getan haben, das Ihnen wehtut. Beobachten Sie diese Kränkung ohne einen einzigen Widerstand, ohne irgendeine Reaktion, daß Sie eigentlich nicht gekränkt werden sollten. Wenn Sie so Ihre Kränkungen, diese psychologischen Verletzungen ohne irgendeine Reaktion beobachten (die meisten Menschen tragen diese Verletzungen ihr ganzes Leben lang mit sich herum), dann werden Sie sehen, daß die Kränkungen allesamt verschwinden.

Auf dieselbe Weise sollten Sie das Gedächtnis beobachten, seine Entstehung, sein Wesen, seine Evolution erkennen. Die ganze Art Ihrer Aktivität im täglichen Leben gründet auf dem psychologischen Gedächtnis. Und dieses Gedächtnis ist sehr sehr beschränkt. Gedanke mag das Unendliche erfinden, da er aber an sich beschränkt ist, ist auch seine Unendlichkeit beschränkt, endlich.

Das alles setzt vollkommene Freiheit voraus. Nicht nur die Freiheit von etwas, sondern jene Art der Freiheit, die nicht auf irgendeiner Reaktion, auf Belohnung oder Strafe beruht. Wenn Sie diese Freiheit haben wollen, müssen Sie das Wesen des Todes, des Sterbens verstehen, und sie müssen dieses so schwierige Problem sehr besonnen untersuchen. Wir sind am Sterben, am Aufhören interessiert, weil es Teil unseres Lebens ist. Sie machen nicht bloß Ihre Erziehung und die ganzen Schwierigkeiten und Sorgen des Lebens durch, sondern auch der Tod hat Teil an Ihrem Leben. Er ist da, ob Sie das nun mögen oder nicht. Egal welcher Nationalität Sie angehören, er ist da. Ob Sie jung, in der Lebensmitte oder alt sind, er ist da. Man muß verstehen, was der Tod ist, so wie man das Leben *vor* dem Tod verstehen muß, das sich aus unseren Ängsten, Wunden, Schmerzen, Leiden, Sorgen, mühsamer Arbeit zusammensetzt. Dies alles ist Teil unseres Lebens, unserer Lebensweise, und auch das Ende gehört dazu.

Auch wenn man ein noch so gutes, angenehmes, erfolgreiches Leben führt und Macht, Position, Geld hat, ist doch am Ende der Tod da. Wir schieben ihn gern hinaus, weisen ihn soweit wie möglich von uns, aber er ist da.
Was heißt es zu sterben? Nicht indem man von einer Brücke hinabspringt, nicht indem man sich etwas antut. Sondern wenn wir so leben wie jetzt, was ist dann der Tod? Wir fragen, ob der Tod ein Ende ist, ein Ende von *allem, was ich besaß,* meine Frau, meine Kinder, meine Bücher, mein Status, meine Macht, meine Position? All das wird aufhören.
Wir müssen auch den Glauben des Ostens an die Reinkarnation untersuchen. Den Glauben, daß man nächstes Mal wiedergeboren werden wird, daß man durch eine Reihe von Leben gehen muß, bis man erreicht, was immer man erreicht. Die Menschen im Osten glauben sehr fest daran, aber sie untersuchen nicht genau, was es eigentlich ist, das sich da fortsetzt. Ist es das »Ich«, das sich fortsetzt? Meine Ideen, meine Meinungen, meine Schlußfolgerungen usw.? Ist es das »Ich«, das Wort, der Name, die Erinnerungen, das sich fortsetzt? Oder gibt es eine geistige Wesenheit, die Seele der Christen (die Buddhisten und Hindus haben andere Bezeichnungen dafür) – wird sich die Seele fortsetzen? Wenn das so ist, dann ist dieses Ding jenseits von mir; oder es ist in mir, aber dann wird es vom »Ich« zugedeckt. Und falls es eine geistige Wesenheit ist, dann müßte diese jenseits von Zeit und Tod sein, nicht wahr? Die Menschen glauben gern daran, weil es Ihnen großen Trost schenkt. Ich werde im nächsten Leben wiedergeboren werden. Ich hatte ein

armes Leben, mein nächstes Leben wird besser sein. In einem anderen Leben werde ich in einem größeren Haus leben, oder ich werde König sein – oder irgendein anderer Unsinn.
Legen Sie alle diese Illusionen ab und stellen Sie sich der Tatsache, daß es psychologisch zu einem Ende kommt, zu einem *vollständigen Ende*. Das »Ich« wird mit allen seinen Erinnerungen aufhören. Das ist das Sterben. Und das gefällt uns nicht, deshalb suchen wir nach verschiedenen Formen des Trostes, des Glaubens, der Wiederauferstehung. Können wir, während wir leben, etwas beenden; ohne eine Ursache, ohne zukünftige Belohnung zu erwarten, irgend etwas beenden? Verstehen Sie meine Frage? Können Sie zum Beispiel alle psychologischen Bindungen auflösen? Wo psychologische Bindung besteht, da sind auch Eifersucht, Angst, Haß, und je mehr Sie gebunden sind, desto mehr Schmerz gibt es.
Wenn Sie Ihrer Frau oder Ihrem Mann sagen würden: »Ich bin nicht mehr an dich gebunden«, was würde dann geschehen? Würde das die Liebe leugnen? Würde das die Beziehung leugnen? Ist Bindung Liebe? Machen Sie weiter! Untersuchen Sie das alles. Und je eingehender Sie untersuchen, desto mehr Kraft, Sicherheit und Stärke werden Sie bekommen.
Können Sie die Bindung an Ihren Namen, an Ihr Mobiliar, an Ihre Frau, an Ihren Mann, an Ihren Garten, an Ihre Ideen und Vorurteile auflösen? Können Sie *jegliche* Bindung während des Lebens auflösen? Das wird geschehen, wenn Sie wirklich sterben. Deshalb tun Sie es jetzt und erkennen Sie, was es auf sich hat. Dieses Ende ist *gewaltig*. Keine Bindung an *irgend etwas* – das

ist Freiheit. Und wo diese Freiheit ist, birgt der Tod keine Angst, weil Sie bereits mit dem Tod leben. Die beiden – das Leben und das Sterben – gehören zusammen. Verstehen Sie, welche Schönheit darin liegt – in dieser Art vollkommener Freiheit von aller Angst?
Wir sollten jetzt lieber aufhören und morgen weitermachen. Morgen werden wir ausführlich darüber sprechen, was der Ursprung, was der Anfang von allem ist. Warum der Mensch durch dieses Elend, durch diese Wirrnis mit gelegentlichen Freuden und Vergnügen gehen muß. Ein Gefühl ohne Anfang und ohne Ende, ein gewaltiges Gefühl der Zeitlosigkeit stellt sich ein, wenn man die Schöpfung von Anfang an versteht.

Über das Sein[1]

Es wäre für mich interessant zu erfahren, warum die meisten von Ihnen hier sind. Vielleicht sind Sie aus Neugier gekommen, oder Sie haben den echten Wunsch zu hören, was ein Mann aus dem Osten zu sagen hat. Zunächst muß klargestellt werden, daß der Sprecher in keiner Weise Indien, indisches Denken, indische Philosophie oder den »geheimnisvollen Orient« repräsentiert.

Ich meine, es ist wichtig, daß wir eine gewisse Kommunikation zwischen uns herstellen. Heutzutage wird viel von Kommunikation geredet, und man macht viel Aufhebens davon. Es ist sicher eine einfache Sache, sich mit einem anderen zu verständigen, in Kommunikation zu treten. Das Schwierige ist nur, daß leider jeder von uns das Gesagte übersetzt, vergleicht, beurteilt – wir hören nicht einmal zu! Wenn wir jedoch aufmerksam und ernsthaft zuhören, dann ist Kommunikation leicht. Es braucht nur einer etwas zu sagen, und sei es noch so merkwürdig, und wenn Sie überhaupt den ernsten Wunsch haben zu erfahren, dann hören Sie mit Sorgfalt und Aufmerksamkeit zu, mit einer gewissen Zuneigung, nicht nur mit dem kritischen Verstand – der natürlich auch dazugehört –, sondern man geht dem Gesagten in jeder Einzelheit

[1] Gespräche in Claremount Colleges, Kalifornien 1968

nach. Wer auf diese Weise untersuchen und aufmerksam zuhören will, muß *frei* sein – frei von dem Image, der Tradition, dem Ruf, den der Sprecher unglücklicherweise hat, so daß Sie in der Lage sind, direkt und unmittelbar zuzuhören, um zu verstehen. Wenn Sie jedoch bestimmten Denkgeleisen, bestimmten gewohnheitsmäßigen Tendenzen, Schlüssen und Vorurteilen folgen wollen, dann ist es mit der Kommunikation natürlich aus.

Es scheint mir von Anfang an sehr wichtig, daß Sie nicht nur erfahren, was der Sprecher zu sagen hat, sondern auch, wie Sie zuhören. Wenn Sie mit der Tendenz zuhören, aus dem Gesagten bestimmte Schlüsse zu ziehen, und es mit dem vergleichen, was Sie schon wissen, dann wird das, was der Redner zu sagen hat, lediglich eine Sache der Zustimmung oder Ablehnung, ein Gegenstand für verstandesmäßige Prüfung oder intellektuelles Amusement. Wenn wir daher während dieser Gespräche eine richtige Beziehung, eine richtige Kommunikation zwischen Ihnen und dem Sprecher herstellen können, dann haben wir vielleicht eine Chance, tief und mit Ernst in diese ganze komplexe Frage des Lebens einzudringen und zu erfahren, ob es für so stark konditionierte Menschen überhaupt möglich ist oder nicht, sich zu ändern, eine innere Revolution im eigenen Gemüt herbeizuführen. Darum geht es vor allem, nicht um eine orientalische Philosophie oder ein Denkkonzept, das wir uns vorstellen, das zu verschiedenen Schlußfolgerungen führt und alle Ideen durch neue ersetzt.

Ich hoffe, Sie haben nichts dagegen, wenn ich meine, daß es sehr wichtig ist, die Kunst des Zuhörens zu lernen. Wir hören nicht zu, und wenn wir es tun, dann durch einen Filter von Worten, Begriffen und Schlußfolgerungen, eingefärbt nach unserer eigenen Erfahrung. Dieser Filter hindert uns am Zuhören, dieser großen und anscheinend ganz vernachlässigten Kunst: so innig, so vollständig, so eingehend zuzuhören, daß wir nicht nur in Kommunikation miteinander, sondern darüber hinaus in einer Art Kommunion sind, wie zwei Freunde, die sich aufrichtig und ernst um etwas bemühen. Kommunion ist etwas ganz anderes als Kommunikation. Für das erstere müssen wir nicht nur wissen, was Worte bedeuten, und uns dabei voll bewußt sein, daß das Wort nie das Ding, die Beschreibung nie das Beschriebene ist, sondern wir müssen zugleich in dem geistigen Zustand sein, dessen Eigenschaften Aufmerksamkeit und Sorgfalt, ein gewisses inniges Sorgetragen sind. Das kann sich nur ereignen, wenn wir beide sehr ernst sind.

Das Leben verlangt großen Ernst, nicht nur flüchtige, gelegentliche Aufmerksamkeit, sondern dauerndes Wachen und Auf-der-Hut-sein, denn unsere Probleme sind immens und außerordentlich komplex. Nur ein sehr ernster, der wahrhaften Suche fähiger, freier Geist kann die Lösung unserer Probleme finden; und das wollen wir jetzt versuchen. Wir wollen uns nicht nur auf der verbalen, sondern auf einer anderen Ebene miteinander verständigen; wir wollen miteinander in Kommunion sein, und das ist viel wichtiger als die bloße verbale Kommunikation. Wenn wir also während dieser Gespräche mit klaren Augen dieses ungeheuer komplexe Geschäft des Lebens betrachten können, mit jungen, frischen und unschuldigen Augen, dann gewinnen unsere Probleme vielleicht eine ganz andere Bedeutung. Wie ich vorhin sagte, dürfen wir nicht nur auf die Worte hören, sondern müssen auch erkennen, daß das Wort nie das Ding und die Beschreibung nie das Beschriebene ist. Um auf diese Weise zuhören zu können, muß es Freiheit geben; Freiheit von Schlußfolgerungen, Vorurteilen, Bildern und Symbolen, damit wir beide in der Lage sind, direkt, unmittelbar, intensiv die Probleme unseres täglichen Lebens und unseres ganzen Daseins *zu betrachten*, damit wir herausfinden, ob es überhaupt einen Sinn hat. Man kann auf der ganzen Welt beobachten, daß alle Menschen, gleich welcher Hautfarbe, welchen Glaubens, welcher Nationalität, ihre Probleme haben; in ihren Beziehungen zueinander, durch das Leben in einer so korrupten Gesellschaft, die die Menschheit über Jahrhunderte hin errichtet hat. Der Mensch ist selbst für diese Struktur verantwortlich, denn diese Gesellschaft ist das Produkt seiner Hoffnungen und Ansprüche, seiner Gewalt, seiner Ängste und Ambitionen, und in dieser Struktur sind wir Menschen gefangen. Zwischen ihr und dem Menschen gibt es keinen Unterschied.

Die eigentliche Frage lautet also, ob wir Menschen, wie wir jetzt sind und wie wir in dieser komplexen, korrupten Gesellschaft mit ihren Kriegen, Kämpfen, Ambitionen und ihrem Wettstreit leben, in uns selbst eine radikale Wandlung herbeiführen können, nicht allmählich, d. h. mit der Zeit, im Laufe vieler Tage und Jahre, sondern ob es möglich ist, uns *augenblicklich* zu wandeln, ohne den Zeitfaktor gelten zu lassen. Offenbar ist der Mensch eingeschworen auf Kriege, auf

Gewalt, und diese Gewalt herrscht in der ganzen Welt, obwohl man in Asien und besonders in Indien, wo Ideologien sprießen wie Pilze auf feuchtem Boden, sehr viel von Gewaltlosigkeit redet. Aber wir Menschen sind auf Gewalt eingeschworen, auf eine Lebensweise, die zu Krieg führt und die durch Religionen und Nationalitäten in Glaubensrichtungen, Dogmen, Rituale und außerordentliche Vorurteile gespalten ist. Der Mensch hat sich auf diese merkwürdige Art zu leben eingelassen. Zurecht verurteilt er den einen Krieg, ist aber gewillt, an einem anderen teilzunehmen. Er selbst ist gewalttätig, brutal und aggressiv, und die Anthropologen behaupten, das sei sein tierisches Erbteil. Aber was die Anthropologen und Spezialisten meinen, hat wenig Bedeutung, denn wir können unsere Gewalttätigkeit selbst erforschen, wie brutal wir zueinander sind, nicht nur mit Worten, sondern auch in unseren Gedanken und Gesten. Jahrtausendelang haben wir eine Lebensweise akzeptiert, die unweigerlich zum Krieg, zu Massakern führen muß, und wir vermochten nicht, dies zu ändern. Die Politiker haben es versucht, doch immer vergebens.

Wir sind gewöhnliche Menschen, keine Spezialisten oder Experten, wir leben in dieser Gesellschaft, konditioniert durch unser Milieu. Wir akzeptieren eine Lebensweise, die korrupt ist, in der es keine Liebe, nicht ein einziges Wort des Erbarmens gibt. Können wir Menschen, so wie wir nun einmal sind, daher überhaupt eine radikale Veränderung in uns selbst zuwege bringen und, mehr noch, in den Zustand treten, den der Mensch immer gesucht hat, dem er

den Namen Gott, oder welchen Namen immer (Namen sind nicht wichtig), gegeben hat?
Können Menschen überhaupt dahin gelangen oder nur die wenigen Auserwählten? Wir müssen uns zuerst fragen, wie es mit der Religiosität in der heutigen Welt steht und ob es möglich ist, diese Qualität Liebe zu finden. Das Wort, wie wir wissen, ist so häßlich belastet. Wie das Wort »Gott« ist es in aller Munde, der Theologe gebraucht es, der Krämer, der Politiker, der Mann für seine Frau, das Mädchen für ihren Freund und so weiter. Wenn man aber das Wort unter die Lupe nimmt, dann sieht man, wieviel Leid und Elend, wieviel Konflikte und Torturen es heraufbeschworen hat; aus ihm entspringen auch Neid, Eifersucht und Furcht. Kann man sich von all dem befreien, damit eine Art von Liebe entstehen kann, die nicht korrupt ist und vom Denken nicht verunstaltet wird?
Das sind also einige unserer Probleme: 1. die Beziehung zwischen Mensch und Mensch und die Frage, ob er jemals mit sich selbst und seinem Nachbarn in Frieden leben kann; 2. ob es eine Wirklichkeit gibt, die nicht vom Denken konstruiert ist; 3. ob es eine solche Art von Liebe, Barmherzigkeit und Zuneigung gibt, die nie von Eifersucht berührt, nie von Furcht, Angst und Schuld befleckt wird. Kann der konditionierte, festgefahrene Mensch sich jemals ganz befreien und in dieser Freiheit die Entdeckung machen, ob es eine letzte Wirklichkeit gibt oder nicht? Wenn wir diese Frage nicht untersuchen, die Wahrheit nicht selbst aufspüren, dann wird unser Leben unweigerlich etwas Mechanisches, ein andauernder, sinnloser Kampf.
Ich bin sicher, daß wir uns dessen bewußt sind. Wenig-

stens die Ernsteren unter uns müssen sich die Frage gestellt haben, ob man seine Konditionierung loswerden kann, so daß man dem Leben auf eine ganz neue Weise gegenübersteht, nicht mehr als Christ oder Buddhist, Moslem oder Hindu, mit all diesen absurden Spaltungen. Kann ein so konditionierter Geist je frei und unschuldig und daher verletzlich sein?

Die Hauptschwierigkeit liegt darin, daß der Mensch ein zersplittertes Leben führt, nicht nur innerlich, sondern auch äußerlich: Er ist ein Wissenschaftler, ein Arzt, ein Soldat, ein Priester, ein Theologe, ein Experte oder Fachmann auf dem einen oder anderen Gebiet. Innerlich ist sein Leben zerstückelt, in Splittern. Sein Geist, sein Verstand ist manchmal listig und klug, brutal und aggressiv und ein anderes Mal freundlich, sanft und liebevoll. Er versucht, moralisch zu sein (obgleich die Moral der Gesellschaft völlig unmoralisch ist), und seine vielen, widerstreitenden Begierden sind die Ursache dieser inneren und äußeren Zersplitterung und Widersprüchlichkeit.

Der Mensch versucht immer, die Kluft zu überbrücken und eine Integration herbeizuführen. Das ist natürlich absurd, denn es kann keine Integration geben. Wenn Sie dieses Wort hinterfragen, dann müssen Sie notgedrungen auch die Frage stellen, wer diese Integration bewirken soll. Der die vielen Fragmente integrieren soll, ist doch selbst ein Teil von ihnen und kann daher unmöglich ihre Integration bewirken.

Wenn man das klar erkennt – nämlich daß diese Fragmente nie zusammengefügt, nie ein Ganzes werden können, weil das Wesen, der Beobachter, der sie zusammenfügen will, selbst dieser Zersplitterung unter-

liegt –, dann müssen wir offensichtlich anders vorgehen, d. h. wir müssen den Widerspruch, die Fragmente, die widerstreitenden Wünsche und Begierden *sehen*, beobachten und feststellen, ob es nicht möglich ist, sie zu überschreiten, und in diesem *Überschreiten* liegt die radikale Revolution. Dann ist der Geist nicht mehr zerrissen, nicht mehr gequält; er ist nicht mehr in Konflikt mit sich selbst und deshalb mit seinem Nachbarn von nebenan, in Rußland oder Vietnam.
Könnten wir diese Tatsache doch betrachten, denn wir haben es nur mit Tatsachen zu tun, nicht mit Mutmaßungen oder Idealen. Ideale haben keine Bedeutung; sie sind sinnlos, die Erfindung eines superschlauen Hirns, wenn es ein Problem wie das der Gewalt nicht lösen kann. Also erfindet es Gewaltlosigkeit als ein Ideal. Die Unfähigkeit, das Problem der Gewalt zu lösen, die Schöpfung des Ideals der Gewaltlosigkeit – das heißt, irgendwann in der Zukunft sanft zu sein – bringt wieder einen Konflikt hervor, wieder einen Kampf und einen Zustand des Widerspruchs.
Es ist also wichtig, die Tatsache ins Auge zu fassen, daß wir Menschen außerordentlich gewalttätig sind, daß unsere Kultur, die Gesellschaft, in der wir leben, unsere ganze Lebensweise mit ihrer Gier, ihrem Neid, ihrem Wettkampf unweigerlich diese Gewalt hervorbringt. Noch wichtiger ist, sich dieser Gewalt im eigenen Inneren bewußt zu sein; sich bewußt zu sein, was ist, nicht, was sein sollte, denn dieses ist eine Fiktion, ein Mythos, eine romantische Vorstellung, die von allen Religionen und Idealisten in jedem Zeitalter gezüchtet und ausgebeutet wurde. Was nützt mir das Ideal der Gewaltlosigkeit, wenn ich voll Gewalt bin?

Bitte hören Sie still und aufmerksam zu, lehnen Sie das Gesagte nicht automatisch ab. Vielleicht sind Sie große Idealisten und setzen sich für eine gute Sache ein, oder Sie haben sich einem Schlagwort verpflichtet, und plötzlich tritt Ihnen ein Sprecher entgegen, der Ihnen höflich, aber bestimmt sagt, daß das alles Unfug ist. Es ist daher angebracht, daß man zuhört, um die Wahrheit herauszufinden, und dazu muß man sein besonderes Schlagwort, seine Theorie oder seinen Mythos beiseitelassen. Es ist deutlich zu sehen, wie die Ideale die Menschheit gespalten haben – das christliche Ideal, das hinduistische Ideal, das kommunistische Ideal –, und je nach ihren Glaubenssätzen zerfallen sie wiederum in unzählige Sekten, Protestanten, Katholiken usw. Der Mensch läßt sich also von Idealen festnageln, er ist ihr Sklave und daher unfähig zu beobachten, *was ist*. Er denkt immer an das, was sein sollte.
Die erste Aufgabe besteht also darin zu beobachten, was ist, und das heißt, sich selbst zu kennen, wie man wirklich ist, nicht, wie man sein sollte. Das wäre ein kindisches Spiel, ein unreifer Kampf ohne Sinn – sondern Gewalt anschauen und beobachten. Kann man sie anschauen, und wie tut man es? Das ist eine sehr schwierige Frage, denn zuerst müssen wir uns einige Faktoren klar vor Augen führen: Erstens müssen wir ohne Identifikation beobachten, ohne das Wort, ohne Zwischenraum zwischen dem Beobachter und dem beobachteten Gegenstand. Wir müssen ohne Bild, ohne den Gedanken hinschauen, so daß wir die Dinge sehen, wie sie wirklich sind. Das ist sehr wichtig, denn wenn wir nicht schauen, nicht beobachten können, was wir sind, dann werden wir unweigerlich zwischen

dem, was wir sehen, und dem Sehenden einen Konflikt erzeugen. Ich beobachte, daß ich im täglichen Handeln gewalttätig bin, in Rede, Geste und Gedanken, sowohl zu Hause als auch im Büro. Ich kann aber nur dann meine Gewalttätigkeit beobachten, wenn ich keinen Versuch mache, ihr zu entfliehen oder sie zu umgehen, und ich entfliehe ihr notgedrungen, wenn ich zu einem Ideal Zuflucht nehme, das mir befiehlt, keine Gewalt zu üben. Ein solches Ideal wäre sinnlos. Es ist also wichtig, daß wir überhaupt Ernst aufbringen – und das Leben ist nur für diejenigen, die ernst sind –, um das Wesen und die Struktur der Gewalt in uns selbst zu beobachten und herauszufinden, warum wir Gewalt üben. Die bloße Feststellung der Gründe setzt der Gewalt kein Ende, auch die Analyse nicht, und sei sie noch so scharfsinnig und subtil, noch kann man Gewalt überwinden, indem man an Gewaltlosigkeit denkt. Gewalt ist nur ein Wort, und die Beschreibung dieser Gewalt ist offensichtlich nicht das Faktum. Sie sind diese Art des Beobachtens und Untersuchens vielleicht nicht gewöhnt, Sie überlassen das vielleicht lieber den Sachverständigen und folgen ihnen blindlings, und dadurch schaffen Sie eine Autorität, die zu etwas Schrecklichem wird. Wenn Sie aber frei sein wollen von Gewalt, die so tief in uns sitzt, müssen Sie erst sich selbst kennenlernen. Das können Sie nur, wenn sie sich beobachten – nicht nach Jung oder Freud oder einem anderen Fachmann, denn dann erfahren Sie nur das, was sie Ihnen bereits gesagt haben, und dabei lernen Sie gar nichts. Wenn Sie sich wirklich kennenlernen wollen, müssen Sie auf die bequeme Autorität der anderen verzichten und beobachten. Dieses Beobachten ist eine komplexe Angelegenheit; es ist schwierig. Erstens, gibt es einen Unterschied zwischen dem Beobachter und dem beobachteten Gegenstand? Ich beobachte, daß ich gewalttätig bin, nicht nur an der Oberfläche und bewußt, sondern tief im Inneren; in meinem ganzen Wesen ist Gewalt. Ich beobachte sie in meiner Rede, meinem Gang, meinen Gesten und meinem ehrgeizigen Streben nach Erfolg. Besonders in diesem Land wird der Erfolg in den Himmel gehoben; man muß um jeden Preis erfolgreich sein, aber im Erfolg liegt viel Gewalt, Aggression und Brutalität. Ich sehe also, daß ich gewalttätig bin, und ist diese Person, die das beobachtet, unterschieden, getrennt von der Gewalt, die sie beobachtet? Das ist offensichtlich nicht der Fall, was geschieht also? Was geschieht, wenn der Beobachter erkennt, daß er selbst die Gewalt *ist*, die er beobachtet? Was soll er tun, um von dieser Gewalt frei zu sein? Ich versuche nicht, Sie zu analysieren. Das ist etwas ganz anderes und hat nichts mit unserem Gesprächsthema zu tun. Gehen wir Schritt für Schritt vor! Wenn der Beobachter selbst erkennt, daß er das Beobachtete *ist*, die Gewalt *ist*, daß sie nichts von ihm Getrenntes ist, das er ändern oder kontrollieren kann, dann hat die Spaltung zwischen dem Beobachter und dem Beobachteten aufgehört. Der Beobachter hat die Ursache des Konflikts und des Widerspruchs in sich mit einem Schlag beseitigt. Dennoch bleibt die Tatsache der Gewalt bestehen. – Ich bin von Natur aus immer noch gewalttätig, und es ist glatter Unsinn zu behaupten, daß ein Teil meines Wesens sanft und liebevoll und der andere gewalttätig sei. Gewalt heißt Spaltung, Widerspruch, Konflikt, Trennung und Mangel an Liebe.

Aber ich habe jetzt die Hauptsache eingesehen, nämlich daß der Beobachter das Beobachtete ist und daher nicht mehr im Konflikt mit ihm steht. Ich bin die Welt, und die Welt ist ich; ich bin die Gemeinschaft, und die Gemeinschaft ist ich. Um eine radikale Änderung in der Gesellschaft und in sich selbst herbeizuführen, muß der Beobachter sich einer ungeheuren Wandlung unterziehen, das heißt, er muß erkennen, daß der Beobachter und das Beobachtete eins sind. Kann ich mit meinem Geist mein Bild der Gewalt und meine eigennützigen Interessen darin beobachten? Denn das ganze Bild, das ich mir über mich selbst und die Gewalt gemacht habe, muß verschwinden, damit ein freies Beobachten möglich wird. Auch danach bleibt die Tatsache bestehen, daß ich gewalttätig bin, auch wenn ich sage, daß ich und die Gewalt eins sind. Was soll ich also tun? Wenn ich beobachte, daß ich gewalttätig bin und sehr klar sehe, daß der Beobachter die Gewalt ist, dann begreife ich, daß ich gar nichts tun kann, denn jede Handlung, ob positiv oder negativ, ist immer noch Teil dieser Gewalt.

Drücken wir es anders aus. Hier ist das große Problem der Egozentrik: Wir sind ungeheuer selbstsüchtig, außerordentlich selbstbezogen. Wir geben uns vielleicht große Mühe, anderen zu helfen, aber ganz tief im Inneren ist die Wurzel dieses egozentrischen Tuns. Es ist wie ein Baum, dessen Hauptwurzel tausend Verästelungen hat, und was immer der Geist tut oder unterläßt, nährt diese Wurzel. Bitte, denken Sie an das, was wir früher sagten: daß die Beschreibung nie das Beschriebene ist. Wir sehen daher die Notwendigkeit ein, in *direktem Kontakt* mit der Tatsache dieses egozentrischen Handelns zu stehen, das sich unentwegt in jedem von uns abspielt, die Handlung der Trennung, Isolierung, Spaltung und Zersplitterung. Was immer man tut, hat teil an dieser Handlung, und daher fragt man sich, ob es eine andere Art des Handelns geben kann, aber schon die Fragestellung ist ein Teil dieser Zersplitterung. Dann begreift man, daß man die Gewalt in vollkommener Stille betrachten muß.

Bitte, stimmen Sie mir nicht einfach zu. Es geht hier nicht um Zustimmung oder Ablehnung, sondern um Ihre eigene Wahrnehmung. Der Sprecher ist gar nicht wichtig; wichtig ist für Sie allein, diese Dinge selbst zu erfahren, damit Sie frei sind und nicht Menschen aus zweiter Hand. Sie müssen *schauen*, um zu erkennen, ob es möglich ist oder nicht, von Gewalt, Stolz und Arroganz frei zu sein und so zu einer ganz anderen Eigenschaft vorzustoßen. Dazu müssen Sie unmittelbar schauen und selbst die Erfahrung machen; nur dann ist es Ihre eigene und nicht die eines anderen, nicht etwa, was jemand Ihnen gesagt hat, denn es gibt hier keinen Lehrer und keinen Anhänger.

Leider ist in den letzten Jahren mit dem Wort »Guru« hierzulande sehr herumgeworfen worden. Auf Sanskrit bedeutet das Wort »einer, der zeigt«, wie ein Wegweiser am Straßenrand. Man betet diesen Pfeiler jedoch nicht an und behängt ihn nicht mit Girlanden. Auch folgt man ihm nicht auf Schritt und Tritt und führt die geheimnisvollen Befehle aus, die ein Guru angeblich erteilt. Er ist nur ein Wegweiser am Straßenrand. Du liest ihn und gehst weiter.

Wir müssen also unser eigener Lehrer und Schüler sein. Es gibt außerhalb keinen Lehrer, keinen Heiland und keinen Meister. Wir müssen uns selbst ändern, und daher müssen wir lernen, uns zu beobachten und zu kennen. Dieses Kennenlernen ist faszinierend und eine fröhliche Sache. Es bedeutet, die Gewaltsamkeit kennenzulernen, die zur Struktur des Lebens gehört. Der Geist muß frei sein, um lernen zu können. Er kann nichts über Gewalt lernen, wenn wir darüber schon ein Wissen angehäuft haben. Wissen und Lernen sind zwei verschiedene Dinge. Der Arzt, der Wissenschaftler, der Ingenieur haben ein Wissen angesammelt, und mit jeder neuen Entdeckung fügen sie noch etwas hinzu, und daher wird ihr Wissen wie ein Warenlager, eine Tradition, aber das ist kein Lernen. Lernen kann man nur in einem Zustand dauernder Bewegung. Es findet nur in der *aktiven Gegenwart* statt. Lernen ist eine Bewegung, ob man nun auf einer Hochschule oder etwas über sich selbst lernt. Man lernt, indem man voranschreitet, nicht indem man etwas *gelernt hat* und das Gelernte dann anwendet. Das hat mit Lernen nichts zu tun; es ist lediglich eine Anhäufung von Wissen.

Im wirklichen Lernen ist Freude. Man ist nicht verzweifelt über das, was man sieht, weil man es mit keinem Ideal vergleicht, mit etwas, das sein sollte. Nur das ist da, was *ist*. Und um das zu beobachten, ist das Lernen ohne Grenzen. Alles ist in dir selbst, – wie der Sprecher brauchen Sie keine Bücher zu lesen –, denn der Mensch ist so alt wie die Berge und noch älter. Er ist ein Lebewesen, und ein Lebewesen darf man nicht konditionieren, aber wir *haben* es konditioniert, und deshalb ist unser Leben eine solche Qual, ein solch sinnloser Kampf geworden.

Vielleicht wollen Sie jetzt Fragen stellen, sie wissen, um eine Frage zu stellen, muß man alles in Zweifel ziehen, auch das, was der Sprecher sagt. Er hat keinerlei Autorität, und Sie sollen skeptisch sein. Freilich muß man dabei wissen, wann man die Zügel schießen lassen kann, damit man nicht immer skeptisch ist. Es versteht sich, daß Sie Fragen stellen müssen, aber es sollen die richtigen sein, und das ist sehr schwierig. Das heißt nicht, daß ich Sie hindern will, Fragen zu stellen! Es ist sehr wichtig, eine wirklich außergewöhnliche Frage zu stellen, eine, die Sie ganz fordert, eine Frage, die *für Sie,* nicht für den Sprecher oder für jemand anderen wahr ist. Diese Art von Frage müssen Sie allerdings stellen, aber gleichzeitig dürfen Sie nie von einem anderen eine Antwort erwarten, denn niemand kann Ihre Frage *beantworten.* Nur Narren geben Ratschläge. Stellen Sie also bitte eine ernsthafte Frage, keine irrelevante ohne Tiefe oder Sinn!

Frage: Sie haben von Stille gesprochen, und manchmal ist mein Geist still, aber was ist das für eine Stille, von der Sie reden?

Krishnamurti: Der Sprecher *kann* Ihnen sagen, was diese Stille ist, aber wenn es nicht Ihre eigene ist, hat das wenig Sinn. Stille ist unbedingt erforderlich, um zu schauen, zuzuhören und zu beobachten. Wenn Ihr Geist schwätzt – und das tut unser Geist immerzu –, wie können Sie dann zuhören? Wie können Sie dann einen Baum, eine Wolke, einen Vogel ohne diese Stille betrachten? Wenn Sie einen Baum oder das Licht auf einer Wolke anschauen wollen, muß Ihr Geist natürlich still sein, aber man kann ihn nicht dazu zwingen, nur weil man die Schönheit eines Baumes sehen will. Es ist sehr wichtig, ohne ein vorgefaßtes Bild zu sehen, und Sie müssen still sein, um Ihren Mann oder Ihre Frau ohne das Bild zu sehen. Sie haben jedoch aufgehört, still zu sein, wenn Sie das Bild Ihres Mannes oder Ihrer Frau mit sich herumtragen. Nur in Stille können Sie lernen, und *Liebe* ist vollkommen still.

Diese Liebe ist unbekannt, weil der Gedanke, der Lust und Angst züchtet, immer einen Schatten über alles wirft. Diese Stille ist Teil der Meditation (wir wollen uns jetzt nicht damit beschäftigen, weil es zu weit führt), aber wenn wir nicht verstehen, was Meditation ist, ihre Schönheit, ihre Ekstase und ihr Segen, hat das Leben keinen Sinn. Meditation ist nicht etwas vom Leben Getrenntes, auch kein Trick, den man in einem Kloster – Zen oder irgend einer anderen Religion – lernt, denn Meditation ist eine Lebensweise und ein Teil dieser ungeheuren Stille, von der wir reden. Vielleicht können wir während dieser drei öffentlichen Gespräche über Meditation diskutieren und darüber, was Liebe ist und was Tod ist.

Frage: Können wir über Beobachtung diskutieren ohne den Beobachter?

Krishnamurti: Was ist der Beobachter? Finden Sie das heraus, bitte! Gehen wir es zusammen an! Hören Sie nicht nur zu, akzeptieren Sie nicht und lehnen Sie nicht ab, sondern unternehmen wir diese Reise gemeinsam. Was *ist* der Beobachter? Der Beobachter ist die Erfahrung, ob es nun die Erfahrung von gestern oder von tausend gestrigen Tagen ist. Der Beobachter ist das angesammelte Wissen, das Gedächtnis. Der Beobachter ist seinem Wesen nach die Tradition, die Vergangenheit, die tote Asche von tausend Gestern. Der

Beobachter ist derjenige, der sagt: »Ich bin gekränkt, ich bin böse, ich bin beleidigt worden, das ist meine Ansicht, das ist meine Meinung«, der, welcher denkt und sich in Schlagworten verstrickt hat; all dies ist der Beobachter. Der Beobachter ist also *in seinem Wesen* die Vergangenheit, und können Sie schauen und beobachten ohne die Vergangenheit? Können Sie einen Baum beobachten? Beginnen wir mit etwas Einfachem! Können Sie einen Baum ohne die Vergangenheit beobachten? Können Sie einen Baum, eine Wolke, einen Vogel von außen beobachten, ohne die Vergangenheit, das heißt ohne das Wort, ohne Ihr Wissen, ohne all die Vorstellungsbilder, die Sie von einem Baum, von der Wolke, von dem Vogel haben? Können Sie also *ohne die Vergangenheit* sehen? Es ist verhältnismäßig leicht, einen vertrauten Gegenstand ohne die Vergangenheit, ohne das Gestern zu betrachten, aber können Sie Ihre Frau oder Ihren Mann ohne das Bild der Vergangenheit sehen, ohne die Verletzungen und das Nörgeln, die Kämpfe und die Brutalität, die Freuden, die Genüsse und die verschiedenen Formen der versteckten und unausgesprochenen Forderungen, Hoffnungen und Ängste? Können Sie ohne all dies sehen, so daß Sie mit frischen Augen schauen? Es ist eine ziemlich mühsame Aufgabe, denn es verlangt Aufmerksamkeit, es verlangt die Freude des Lernens.

Wir Menschen haben keine Beziehung zueinander, zu unseren Ehemännern oder Frauen, auch wenn wir noch so intim sind, auch wenn wir noch so oft miteinander geschlafen haben. Wir haben Bilder, und die Beziehung ist zwischen zwei Bildern, nicht zwischen Menschen, denn Menschen sind Lebewesen, und es ist sehr gefährlich und ungewiß, zu einem Lebewesen eine Beziehung einzugehen; denn vor allem wollen wir Sicherheit in unserer Beziehung haben. Deshalb sagen wir, ich *kenne* meine Frau oder meinen Mann, meinen Nachbarn oder meinen Freund. Und ohne den Beobachter zu sehen, das heißt also ohne die Vergangenheit, ohne die Erinnerung, ohne all die gesammelten Hoffnungen und Ängste, die Freude und den Genuß, den Kummer und die Verzweiflung – auf solche Weise zu sehen, ist der Anfang der Liebe.

Das letzte Mal haben wir über das Problem der Gewalt gesprochen, wie sie das Leben von uns allen, von der Kindheit bis zu unserem Tod, durchzieht. Diese Gewalt, diese Aggression, diese Brutalität existiert auf der ganzen Welt, nicht nur im Individuum, wo sie sich als Haß oder als eine verkehrte Art von Loyalität auswirkt, sondern auch äußerlich in unserer Hinnahme des Krieges als eine Lebensform. Gewalt entsteht aus Eigentumsrecht, aus sexuellen Rechten und anderen Formen von Ideologie. Man weiß das alles sehr wohl; man sieht es sehr deutlich.
Alle Religionen verkündeten: Tötet nicht, seid freundlich, seid barmherzig und so fort, aber die organisierten Religionen haben ganz und gar keine Bedeutung. Sie hatten nie eine. So müssen wir also dieser Sache ins Auge sehen – dem Problem der Gewalt. Wir müssen uns die Frage stellen, ob es für den Menschen überhaupt möglich ist, nicht nur in seinen persönlichen Beziehungen, sondern auch in seinem Verhältnis zur Gesellschaft, völlig frei von Gewalt zu sein. Das ist

keine rhetorische Frage und keine intellektuelle Untersuchung, sondern ein aktuelles Problem, dem jeder von uns gegenübersteht, sowohl psychisch, innerlich (gleichsam unter der Haut) als auch äußerlich, zu Hause und am Arbeitsplatz. In jeder Art von Tätigkeit ist dieser aggressive Geist und brütet Haß und Feindseligkeit. Und wir stellen die Frage, ob es möglich ist, nicht nur auf der Ebene des Bewußtseins, sondern auch in den tieferen Schichten des Geistes, diese Gewalt vollkommen auszurotten, so daß wir in Frieden miteinander leben und die nationalen und religiösen Spaltungen mit ihren Dogmen, ihrem Glauben, ihren Theorien und Ideologien überwinden können.

Nähern wir uns dem Problem nun auf eine andere Weise. Es scheint, daß eine unserer Schwierigkeiten darin liegt, daß uns, obgleich wir eine Menge Energie besitzen, die Kraft, die Vitalität und die Begeisterung fehlen, um diese Wandlung in uns herbeizuführen. Das wichtigste ist ja doch, uns selbst zu kennen – nicht nach dem Urteil eines Sachverständigen. Das ist die Grundlage jeglichen Handelns, und wenn wir uns nicht kennen, nicht in uns gehen, uns erfahren und tief in unseren meditativen Geist eindringen, dann fehlt diese Grundlage. Dann wird alles Tun splitterhaft, widersprüchlich, und aus diesem Zustand des Widerspruchs entsteht der Konflikt, und dieser Konflikt belastet jeden von uns. Alles, was wir tun, was wir denken, was wir berühren, erzeugt Konflikt und Kampf. Diese vergeuden auf verschiedene Weise die Energie, die für die innere Revolution der Psyche lebensnotwendig ist. Denn diese setzt voraus, daß wir in unserem Inneren von Konflikten gänzlich frei werden; aber das heißt nicht bloß, zufrieden zu sein, zu vegetieren oder stumpf dahinzuleben. Im Gegenteil, wenn Energie nicht für üble Zwecke eingesetzt wird wie jetzt, ist diese Energie das Element, das uns zur Selbsterkenntnis führt. Obwohl die alten Griechen, die Hindus und die Buddhisten alle forderten: »Erkenne dich selbst«, haben sich nur sehr wenig Menschen die Mühe dazu genommen. Um sich selbst kennenzulernen, braucht man keine Autorität, weder der Kirche, eines Heilandes oder Meisters noch eines Sachverständigen. Das einzige, was man zu tun hat, wenn man es wirklich ernst meint, ist zu beobachten, nicht nur kritisch, sondern mit einem Geist, der die Freiheit hat zu lernen. *(Ein Baby schreit.)* Wer hat jetzt das Wort?

Wissen Sie, in Indien, wo wir im Freien sprechen, finden sich ungefähr drei- bis viertausend Menschen ein, die ihre Kinder mitbringen. Es sind auch Studenten da, Bettler und jede Art von Menschen. Die meisten verstehen kein Englisch, aber es wird als lohnend und verdienstvoll angesehen, einer religiösen Versammlung beizuwohnen. Es gibt also viel Lärm, und die Krähen und anderen Vögel stimmen mit ein. Jeder nimmt an dieser Art von Zusammenkunft teil, nicht nur die Vögel und die Kinder, sondern auch diejenigen, die wenig Wissen von irgend etwas haben, die nicht viel verstehen, und trotzdem ist es gut, bei einer solchen Versammlung dabei zu sein. Hier, wo man Englisch spricht und versteht, ist es lohnend und bedeutungsvoll, daß sowohl Kinder als auch alte Menschen und die in der Mitte des Lebens stehen, zusammenkommen, um ernst und eingehend über die Probleme zu sprechen, denen wir alle gegenüberstehen.

Leider sind wir nicht ernsthaft genug. Wir sind voreingenommen und haben Schlüsse gezogen, die uns daran hindern, selbst zu prüfen. Unsere Erfahrung ist eine Schranke, desgleichen unser Wissen; wenn wir daher mit einem Geist zuhören könnten, der sowohl ernst als auch suchend ist, dann werden wir in dieser Kommunikation nicht nur einer Masse von Worten zuhören oder neue Ideen sammeln, sondern tief in uns eindringen und etwas über uns selbst erfahren.

Der Zweck dieser Zusammenkünfte ist doch, tief in unser Inneres einzudringen und *uns selbst zu entdecken*, und nicht, uns sagen zu lassen, was wir tun und denken sollen (das wäre zu unreif und kindisch), oder eine neue Autorität aufzustellen, einen neuen Guru und derlei absurdes Zeug. Selbstentdeckung heißt nicht zu fragen: »Wer bin ich?«, sondern sich wirklich zu beobachten, wie man sein Gesicht im Spiegel betrachten würde, wie man sich gebärdet, welche Worte man gebraucht, wie man einen Baum, einen Vogel oder eine ziehende Wolke beobachtet, die Ehefrau, den Ehemann oder einen Nachbarn. Durch Beobachtung beginnt man, sich selbst zu entdecken, denn man ist nie statisch. Es gibt im Inneren nichts Beständiges, obwohl die Theologen und die anderen »gottesfürchtigen« Leute behaupten, daß es ein konstantes Wesen gebe, aber das ist wieder nur eine Theorie, eine Idee. Dann lassen Sie uns fröhlich und frei untersuchen, ob der Geist – dieser menschliche Geist, der seit Millionen von Jahren existiert und durch tausend Erfahrungen so stark konditioniert ist, der so viele Ideen und Ideologien in sich aufgenommen hat – ob solch ein Geist in

sich gehen und herausfinden kann, ob er sich ganz und gar von der Gewalt befreien kann.
Nähern wir uns dem Problem von einer anderen Seite. Solange es Angst gibt, muß es Gewalt, Aggression, Haß und Zorn geben. Die meisten Menschen haben Angst, nicht nur äußerlich, sondern auch innerlich. Zwar sind das Außen und das Innen nicht voneinander getrennt, sie sind in Wirklichkeit eine Bewegung. Wenn wir also das Innere verstehen – seine Anlage, sein Wesen und die ganze Struktur der Angst –, dann können wir vielleicht eine neue Gesellschaft errichten, eine neue Kultur, denn die gegenwärtige Gesellschaft ist korrupt und ihre Moral ist unsittlich.
Wir müssen also herausfinden, nicht ideologisch, nicht intellektuell als eine Art von Spiel, sondern wirklich für uns selbst entdecken, ob es möglich ist oder nicht, von dieser Angst frei zu sein. Es gibt verschiedene Formen von Angst in zu großer Zahl, als daß wir darauf eingehen könnten: die Angst vor der Dunkelheit, die Angst, Stellung oder Lebensunterhalt zu verlieren, die Angst vor der Aufdeckung einer schändlichen Tat, die Angst der Frau vor ihrem Mann, des Mannes vor seiner Frau, die Angst der Eltern vor den Kindern, die Angst, nicht geliebt zu werden, die Angst vor dem Alter, vor der Einsamkeit und dem Tod – so viele Formen der Angst. Wenn wir also die Angst nicht verstehen, um die es hauptsächlich geht, leben wir im Finstern und werden uns nie von der Brutalität, der Aggression, dem Neid und dem Konkurrenzkampf befreien können.
Was ist Angst? Was ist der wirkliche Zustand der Angst, nicht ihre verschiedenen Formen? Was verursacht Angst? Wie wir vorhin feststellten, ist der Redner

kein Analytiker, er praktiziert keine Massenanalyse. Mit einer Analyse haben wir gar nichts zu tun, denn wie Sie gleich sehen werden, ist sie eine Zeitverschwendung. Die Analyse setzt einen Analytiker und etwas, das analysiert werden soll, voraus, während der Analytiker ja selbst der Analysant *ist*. Er kann sich unmöglich von dem unterscheiden, was er analysieren will, und wenn er dieses Phänomen beobachtet, sieht er ein, was für eine schreckliche Zeitverschwendung die Analyse ist. Sie können, wenn Sie reich sind und Lust dazu haben, sich damit wie mit einem Spiel amüsieren, aber wenn Sie wirklich über das Wesen und die Struktur der Angst hinausgelangen und sie völlig ausmerzen wollen, dann müssen sie *direkt*, nicht durch einen analytischen Prozeß oder ein intellektuelles Konzept dahin kommen. Wenn Sie etwas verstehen wollen, insbesondere ein Lebewesen, dann müssen Sie es mit einem lebendigen Geist, nicht mit totem Wissen beobachten, nicht mit etwas, das Sie bereits gelernt haben oder schon wissen.

Das wollen wir also jetzt tun, und wenn Sie zuhören, dann hören Sie nicht dem Redner zu, denn er ist überhaupt nicht wichtig. Er ist wie das Telephon – er ist nicht wichtig! Das Wichtige am Telephon ist, *was aus ihm heraustönt*. Dabei ist es nötig, daß Sie sich selbst beobachten, daß Sie Ihr Gemüt *durch* die Worte des Redners beobachten und ihn als einen Spiegel benutzen. Und wenn Sie sich als ein menschliches Wesen beobachten, das so stark von der Vergangenheit konditioniert, so unentrinnbar verfangen ist in Kummer und Mühsal, dann kommt aus dieser Beobachtung ein Verstehen, das eine ganz neue Art des Handelns hervorbringt. Das wollen wir zusammen untersuchen und diskutieren, nicht wie Lehrer und Schüler oder ein Guru und sein Anhänger, sondern wie zwei Freunde, die versuchen, die ungeheuren Probleme des täglichen Lebens zu lösen. Wenn Sie keinen vernünftigen, gesunden, anständigen und rechtschaffenen Grund dazu legen, können Sie unmöglich meditieren oder die Wahrheit finden.

Um den rechten Grund zu legen, damit wir uns selbst eine Leuchte werden, müssen wir die Angst verstehen. Was ist Angst (nicht, wie überwindet man sie)? Ich weiß nicht, ob Sie schon bemerkt haben, daß alles, was überwunden werden muß, immer aufs neue überwunden werden muß. Wenn Sie jemals etwas erobert haben – gleichgültig, ob es ein äußerer oder innerer Feind ist–, müssen Sie immer und immer wieder erobern. Wir versuchen nicht, die Angst zu *überwinden*, wir wollen sie nicht unterdrücken, ihr keine andere Eigenschaft geben, sondern wir versuchen statt dessen, sie zu verstehen und herauszufinden, was Angst eigentlich ist und wie sie entsteht. Was ist also diese Angst, die Angst vor dem, was war, die Angst vor dem Gestern, die Angst vor dem Morgen, die Angst, nicht zu sein und nicht zu werden, das heißt, die Angst in der Zeit? Wenn Sie mit einer Aufgabe, einer großen Lebenskrise konfrontiert sind, gibt es kein Gestern und Morgen, man handelt *augenblicklich*, nicht wahr? Es ist das Nachdenken über das, was gestern geschehen ist oder morgen geschehen wird, das die Angst erzeugt, aber wenn Ihr Handeln unmittelbar ist, dann können Sie nicht darüber nachdenken, was *jetzt*, in diesem Augenblick geschieht. Das Denken hat keinen Zutritt

zur aktiven Gegenwart. Erst wenn das Handeln vorbei ist, können Sie daran denken, was vielleicht geschehen wäre, an die Vergangenheit oder Zukunft. Das Denken ist also die Ursache der Angst, das Nachdenken über gestern und morgen – gestern hatte ich Schmerzen, und morgen kommen sie vielleicht wieder, oder ich verliere morgen vielleicht meine Stellung, und davor habe ich Angst. Bitte beobachten Sie, wie Sie denken und fühlen. Gehen Sie selbst in sich, und Sie werden sehen, wie leicht es ist! Wenn Sie es nicht tun, dann ist die Sache sehr komplex, dann hat sie überhaupt keinen Sinn.
Daher bringt das Denken die Angst hervor – das Denken, daß ich vielleicht nichts tauge und nicht erfolgreich bin, der Gedanke, nicht geliebt und völlig allein zu sein, der Gedanke, daß eine schändliche Tat, die ich begangen habe, ans Licht kommt, der Gedanke, etwas zu verlieren, was mir kostbar und teuer ist. Im Gefolge des Denkens sind Reue und Verzweiflung. Das Denken ist die Quelle der Angst, aber gleichzeitig auch der Lust. Der Gedanke an etwas, das einem Freude gemacht hat, gibt dieser Freude Nahrung und Substanz. Wenn Sie den Sonnenuntergang eines Abends oder das Licht über den Bergen am frühen Morgen betrachten und diese ganze Schönheit und Lieblichkeit in sich aufnehmen, dann gibt es im Augenblick der Wahrnehmung keinen Gedanken, nur ein vollständiges Innesein all dessen, was Sie umgibt. Wenn Sie aber anfangen, darüber nachzudenken, in Gedanken dahin zurückgehen und sich sagen, ich muß noch mehr von dieser Freude haben, ihre Schönheit wieder einfangen, dann setzt dieses Nachdenken die Freude fort. Das

Denken erzeugt also sowohl Lust als auch Angst. Diese psychische Tatsache liegt auf der Hand, und wir nehmen sie intellektuell zur Kenntnis, aber das hat keinen Wert, weil die Lust den Samen der Angst in sich trägt: daher *ist* Lust Angst.

Bitte, beobachten Sie dies sehr sorgfältig! Wir meinen damit nicht, daß Sie sich Freude versagen sollen. Alle Religionen auf der ganzen Welt haben Freude und Genuß – sexueller oder anderer Art – verurteilt. Das tun wir nicht! Ein religiöser Mensch verleugnet und unterdrückt nicht, sondern er lernt und beobachtet.

Das Nachdenken darüber, was geschehen ist oder geschehen könnte, zeitigt Angst, z. B. die Angst vor dem Tode. Aufgeschoben und in die ferne Zukunft verbannt, ist sie dennoch *da*. Ebenso das Nachdenken über eine Verfehlung in der Vergangenheit, die andere ausnutzen könnten, oder über den Genuß geschlechtlicher Liebe und das Aufbewahren dieses Bildes. Dieses Nachdenken über etwas erzeugt entweder Angst oder Lust. Es erhebt sich also die Frage: Können wir unser tägliches Leben ohne Einmischung des Denkens leben? Die Frage ist nicht so verrückt, wie sie klingt, und sie ist sehr wichtig, denn der Mensch hat in jedem Zeitalter das Denken und den Intellekt in all den »klugen« Büchern mit ihren Theorien, in all den theologischen Werken mit ihrem Gottesbegriff und ihrer Anleitung zur rechten Lebensweise angebetet. Diese Fachleute und Sachverständigen sind wie Menschen, die man an einen Pfahl gebunden hat. Wegen ihrer Konditionierung können sie nicht weitergehen, sie sind beschränkt, was sie auch denken mögen. Und weil sie das Resultat von zehntausend Jahren Propaganda sind, haben ihre Götter, ihre Dogmen und Rituale gar keinen Sinn. Der Mensch hat das Denken angebetet und auf einen Sockel erhoben. Sehen Sie sich all die Bücher an, die geschrieben wurden!

Was ist das Denken, und welche Bedeutung hat es? Ich weiß, daß es Menschen gibt, die sagten: »Tötet den Geist!« Man kann ihn nicht töten! Man kann das Denken nicht einfach ablegen wie ein Kleid, das man trägt. Sie müssen diesen außerordentlichen Prozeß des Denkens verstehen, *Ihr eigenes Denken*, nicht durch Bücher oder Vorträge über das Denken. Wenn Sie überhaupt denken, was ist der Ursprung des Denkens? Wann ist Denken nötig und wann nicht? Wann ist es ein Hindernis und wann eine Hilfe? Dies alles müssen Sie also selbst herausfinden und sich nicht vom Redner oder von einer anderen Autorität leiten lassen.

Wissen Sie, die Welt wird immer autoritärer, nicht nur im religiösen und politischen, sondern auch im psychischen Bereich. Es muß natürlich eine gewisse Form von Autorität in der technischen Wissenschaft geben, aber Autorität in religiösen und psychischen Dingen auszuüben, ist etwas Grauenhaftes, denn dann ist der Mensch nie frei und *kann* niemals frei werden. Freiheit jedoch ist eine absolute Notwendigkeit. Wie kann ein Geist, der Angst hat, jemals frei sein? Wie kann ein Geist, der durch andauerndes Denken und unaufhörliches Schwätzen verdunkelt ist, je frei sein zu schauen, zu suchen, zu leben und die Ekstase kennenzulernen, die nicht aus dem Vergnügen kommt? Also, was ist das Denken; kann es auf einer bestimmten Ebene aufhören und doch auf anderen rational, vernünftig, objektiv, unemotional und unpersönlich weiterfunktionieren? Das heißt, Wissen über das Universum, über alles ist nötig – *Wissen*, aber wir machen auch die Beobachtung, daß das Denken sowohl Angst wie Lust erzeugt, und fragen uns daher, ob dieses Denken aufhören kann. Sie müssen dies wiederum selbst herausfinden, so daß Sie nicht mehr Menschen aus zweiter Hand sind wie jetzt, sondern daß Sie selbst Ihre Entdeckungen machen. Was ist also das Denken? Es ist sehr einfach: Das Denken ist das Reagieren der Erinnerung. Jemand stellt Ihnen eine bekannte Frage, und Sie antworten sofort; und wenn die Frage etwas komplizierter ist, dann brauchen Sie etwas Zeit, um zu antworten. In dem Zeitraum zwischen der Frage und der Antwort wird das Gedächtnis tätig, und aus diesem Gedächtnis antworten Sie. Daher ist das Denken das Reagieren der Erinnerung, und diese ist das Lagerhaus des Gedächtnisses der Rasse, der Tradition, ob christlich, hinduistisch oder buddhistisch. In ihm liegt das verborgen, was viele Jahrhunderte angesammelt haben, während der bewußte Geist das Lagerhaus des Wissens ist, das Sie angesammelt haben. Und durch diese Struktur des Gedächtnisses sind Sie konditioniert, und daher antworten Sie. Wenn Sie als Republikaner, Demokrat oder Kommunist konditioniert sind, dann antworten Sie von diesem Hintergrund her, aus diesem Gedächtnis. Wenn Sie als Christ aufgewachsen sind und von der Propaganda der Kirche mit ihren Dogmen und Ritualen indoktriniert sind, dann antworten Sie aus diesem Gedächtnis, aus dieser Konditionierung. Oder wenn Sie ein Hindu sind, dann antworten Sie von dem Hinter-

grund Ihrer Götter und Ihrer Puja, der Tempelrituale und so fort.
Das Denken ist also die Reaktion der Gehirnzellen, die ein Wissen aufgrund von Erfahrung angehäuft haben, und da das Denken Angst erzeugt, hat es sich gespalten und den Denker vom Denken getrennt. Der Denker sagt: »Ich habe Angst.« Der Denker, das »Ich«, ist getrennt von dem, wovor er Angst hat, von der Angst selbst. Also ist Dualität da und eine Spaltung – der Denker und das Gedachte, der Beobachter und das Beobachtete, der Erfahrende und das Erfahrene. Diese Dualität oder Spaltung, diese Trennung ist die Ursache der Anstrengung, die Quelle, der jede Anstrengung entspringt. Abgesehen von der offensichtlichen Dualität von Mann und Frau, schwarz und weiß, gibt es auch eine innere psychische Dualität als Beobachter und beobachtetes Ding, als Erfahrender und Erfahrenes. In dieser Spaltung, zu der Zeit und Raum gehören, liegt der ganze Vorgang des Konflikts. Sie können es an sich selbst beobachten. Sie sind gewalttätig, das ist eine Tatsache, und Sie haben außerdem das ideologische Konzept der Gewaltlosigkeit, und das ergibt einen Dualismus. Der Beobachter sagt: »Ich muß gewaltlos werden«, und der Versuch, gewaltlos zu werden, *ist* bereits der Konflikt, und dieser ist eine Verschwendung von Energie. Wenn der Beobachter dagegen dieser Gewalt völlig bewußt ist – ohne den ideologischen Begriff der Gewaltlosigkeit –, dann kann er unmittelbar damit fertigwerden.
Man muß daher diesen dualistischen Vorgang in sich selbst beobachten. Diese Spaltung von Ich und Nicht-Ich, vom Beobachter und dem Beobachteten hat diese

Spaltung herbeigeführt. Es ist das Denken, das mit dem Bestehenden unzufrieden ist und nur das gelten lassen will, was sein sollte; es ist das Denken, das eine Erfahrung als Lust genossen hat und mehr davon haben will. In jedem von uns steckt dieser dualistische, widersprüchliche Vorgang, und er ist eine Verschwendung von Energie. So fragt man sich, warum gibt es diese Spaltung? Warum gibt es diese dauernde Anstrengung vom Seienden zu dem hin, was sein sollte? Und ist es möglich, dieses, was sein sollte, das Ideal, das die Zukunft ist, und das Gewesene, die Vergangenheit, aus der sich die Zukunft bildet, vollkommen loszuwerden? Gibt es überhaupt einen Beobachter, oder ist es nur das Denken, das sich in den Beobachter und das Beobachtete spaltet? Sie können dies betrachten und es entweder übergehen, oder Sie können sich eingehend damit befassen, denn solange es einen Beobachter gibt, muß es Spaltung und daher Konflikt geben. Der Beobachter ist immer das Alte, nie das Neue. Das Beobachtete ist vielleicht neu, aber der Beobachter übersetzt es immer in das Alte, in die Vergangenheit, also kann das Denken nie neu und deshalb nie frei sein. Das Denken ist immer alt; wenn Sie also das Denken verehren, dann verehren Sie etwas Totes. Das Denken ist wie die Kinder unfruchtbarer Frauen. Und wir, die wir große Denker sein sollen, leben in Wirklichkeit von der Vergangenheit, und deshalb sind wir tote Menschen.

Das Denken hat also Lust und Angst geschaffen, die Gewalt hervorbringt, und es stellt sich das Problem: Es gibt die Angst, und es gibt die Gewalt, und Worte oder Beschreibungen setzen ihnen kein Ende. Ich sehe sehr klar, wie das Denken diese Angst erzeugt hat – ich habe Angst, etwas zu verlieren, was mir sehr kostbar ist: Das ist der Gedanke, der diese Angst hervorgebracht hat. Wenn das Denken sich selbst unterdrückt und sagt: »Ich denke nicht daran«, ist die Angst trotzdem da. Wenn ich versuche, davor zu fliehen, wenn ich sie annehme oder verleugne, so habe ich dennoch Angst. Wie lautet dann die nächste Frage? Die Angst ist vorhanden, und das Denken kann man nicht unterdrükken – das wäre eine extreme Art von Neurose.

Was geht vor, wenn der Beobachter das Beobachtete ist? Der Beobachter ist das Resultat der Vergangenheit, des Denkens; und das Beobachtete, nämlich die Angst, ist ebenfalls das Resultat des Denkens. Beide, der Beobachter und das Beobachtete, gehen aus dem Denken hervor. Was das Denken auch unternimmt im Hinblick auf diesen Zustand der Angst – ob es sie akzeptiert oder unterdrückt, ob es eingreift oder sie zu sublimieren versucht, *was immer es tut* –, setzt die Angst in einer anderen Form fort. Wenn das Denken diesen Vorgang beobachtet und sich selbst gründlich kennenlernt (kein anderer sagt es ihm) und selbst das Wesen und die Struktur der Angst, *die sie selbst ist,* begreift, dann sieht das Denken ein, daß es tun kann, was es will, und der Angst doch nur neue Nahrung gibt. Wenn das geschieht, was erwächst aus diesem Verständnis?

Ich habe Angst (die das Denken ist) beobachtet, so wie ich Freude beobachtet habe. Nun *ist* der Beobachter das Beobachtete, obgleich das Denken beides getrennt hat. Es ist ein Verstehen da, nicht als ein intellektuelles Konzept, sondern eine echte Realität. Was geschieht also? Das Verstehen ist nicht intellektuell, deshalb ist es die höchste Form der Intelligenz, und in dieser Weise intelligent sein, bedeutet, höchst sensibel, des Wesens und der ganzen Struktur der Angst bewußt zu sein. Wenn ich Angst unterdrücke oder ihr davonlaufe, dann findet keine sensible Wahrnehmung von Angst und ihren Begleiterscheinungen statt. Daher muß ich Angst kennenlernen und darf ihr nicht ausweichen. Ich kann etwas aber nur dann kennenlernen, wenn ich in *direkten Bezug* dazu trete, und dieser innige Bezug ist nur möglich, wenn mein Blick frei ist. Diese Freiheit ist die höchste Form von Sensibilität, nicht nur psychisch, sondern auch geistig. Auch das Gehirn wird hochsensibel. Dieses Verstehen ist Intelligenz, und diese Intelligenz tritt nun in Kraft, und solange sie da ist, gibt es keine Angst. Angst gibt es nur dann, wenn diese Intelligenz nicht vorhanden ist. Wir müssen das tief innerlich verstehen, nicht nur verbal, denn wie wir vorhin sagten, das Wort ist nicht das Ding und die Beschreibung nicht das Beschriebene. Sie können einem Hungrigen eine Mahlzeit beschreiben, aber die Worte und die Beschreibung stillen seinen Hunger nicht. Diese Intelligenz ist die höchste Form von Sensibilität, nicht nur auf der psychischen Ebene (das bedeutet sehr viel, worauf wir jetzt leider nicht eingehen können), sondern auch auf einer tieferen, psychischen Ebene, und diese Intelligenz ist die Grundlage der Tugend.

Heutzutage, fürchte ich, pfeifen die meisten Menschen auf dieses Wort »Tugend« sowie auf »Demut« und »Freundlichkeit« – diese Worte haben ihre ganze Bedeutung verloren. Aber ohne Tugend gibt es keine

Ordnung. Wir sprechen nicht von politischer oder ökonomischer Ordnung, sondern von etwas ganz anderem. Die Ordnung, von der wir reden, *ist* Tugend, nicht die sogenannte Tugend oder Moral der Kirche, denn diese gründet sich auf Autorität. Die Moral der Kirche und der organisierten Religionen ist unmoralisch, weil sie einen Kompromiß mit der Gesellschaft schließt. Für diese Organisationen ist die Tugend ein Ideal, und diese Ordnung kann nur entstehen, wenn wir den ganzen negativen Prozeß der Unordnung verstehen, der in uns ist, dieser Widerspruch, diese Spaltung, die aus dem Vorgang des Denkens kommt. Solange wir diesen Zustand der Ordnung und Tugend nicht klar verstehen und tief in unserem Inneren den Grund dazu legen, können wir uns mit der Frage der Meditation nicht befassen und nicht herausfinden, was Liebe und Wahrheit ist.

Wenn Sie jetzt noch Zeit und Lust haben, möchten Sie vielleicht ein paar Fragen stellen und die Dinge gemeinsam besprechen.

Frage: Können Sie auf diese Verbalisierung eingehen, die im Inneren stattfindet, wenn man etwas sehr genau ansehen möchte?

Krishnamurti: Ich frage mich, ob wir je an uns beobachtet haben, was für Sklaven wir sind der Worte, der Verbalisierung. Warum? Wir sind unfähig, irgend etwas anzusehen – eine Wolke, einen Vogel, diese wunderbaren Berge dort, unsere Frau oder unseren Mann –, ohne diesen Prozeß der Verbalisierung. Warum? Wie kommt es, daß wir nichts ohne ein Vorstellungsbild ansehen können? Warum betrachten wir alles durch ein Bild, welches das Wort ist? Warum sehe ich meine Frau, meinen Mann oder meinen Freund durch ein Bild? Meine Frau hat mir viel angetan – sie verfügte über mich, sie hat mit mir geschimpft, mich tyrannisiert oder mich geärgert, mich beleidigt und mich sitzenlassen. Und über die Zeit, über viele Tage hin habe ich dies alles zusammengetragen. Es ist eine Erinnerung geworden, und durch diese Erinnerungen, durch all diese Verletzungen sehe ich meine Frau. Wenn ich Sie darauf hinweisen darf: Der Redner hat unglücklicherweise einen gewissen Ruf, und sie sehen ihn durch dieses Bild, und daher sehen Sie den Redner gar nicht. Sie sehen ihn durch das Bild, das Sie von ihm haben, das Wort, die Vorstellung, die Tradition. Können Sie also etwas ohne das Bild sehen? Können Sie einen Menschen ohne Bild sehen? Können Sie ohne Bild Ihre Frau oder Ihren Mann sehen, den Mann drunten im Tal, den Menschen, der Sie beleidigt oder Ihnen geschmeichelt hat?

Man kann nur dann ohne Bild sehen, wenn man das Wesen der Erfahrung verstanden hat. Was ist Erfahrung? Wir müssen begreifen, was Erfahrung ist, denn diese angehäufte Erfahrung ist es, die dauernd Bilder aufstellt. Das Wort »Er-fahrung« bedeutet, ganz an etwas herankommen, durch es hindurchgehen, aber das tun wir nie! Nehmen wir ein ganz einfaches Beispiel. Sie beleidigen mich, und die Erfahrung bleibt, sie hinterläßt einen Eindruck in meinem Gemüt, sie wird Teil meiner Erinnerung. Sie sind also mein Feind. Dasselbe geschieht, wenn Sie mir schmeicheln, dann sind Sie mein Freund. Die Erinnerung an die Schmeichelei bleibt genauso zurück wie an die Beleidigung. Bitte, kann ich in dem Augenblick, da man mir schmeichelt oder mich beleidigt, vollkommen durch diese Erfahrung hindurchgehen, so daß sie keine Spur in meinem Gemüt hinterläßt? Das bedeutet, daß, wenn mich jemand beleidigt, ich zuhöre und es uneingeschränkt, völlig objektiv und ohne Emotion ansehe, so wie ich dieses Mikrophon ansehe, das heißt, daß ich ihm meine volle Aufmerksamkeit mit Verstand und Herz zuwende, um festzustellen, ob das, was man mir sagt, richtig ist, und wenn es nicht so ist, wozu soll ich es festhalten? Das ist keine Theorie. Der Geist ist nie frei, wenn er noch in irgendeiner Form am begrifflichen Denken und den Bildern festhält. Und ich tue dasselbe, wenn Sie mir schmeicheln und mir sagen, was für ein wunderbarer Redner ich bin. Ich höre mit meinem Geist und Herzen zu, *während Sie sprechen*, nicht nachher. Ich stelle fest, warum Sie das sagen und welchen Wert es hat, ob ich ein wunderbarer Redner bin oder nicht, und dann habe ich nichts mehr zu tun mit Beleidigung oder Schmeichelei. Das ist jedoch nicht so einfach, denn wir leben gerne in einer Welt der Bilder, Bilder der Sympathie und Antipathie. Wir leben mit ihnen und unser Geist kann das Schwätzen und Verbalisieren nicht lassen. Daher sehen wir nie unsere Frau, unseren Mann oder einen Berg mit einem freien Geist, aber nur der unschuldige Geist kann wirklich sehen.

Frage: Wie können wir die Spaltung in uns loswerden?

Krishnamurti: Zunächst möchte ich vorschlagen, daß Sie gar nichts *loswerden*! Etwas loswerden heißt, davor zu flüchten. Sie müssen es aber ansehen, sich darauf einlassen! Diese Spaltung in Sympathie und Antipathie, Liebe und Haß, mein und nicht mein existiert in unserem Inneren – weshalb?

Wir kommen jetzt zu einem sehr wichtigen Punkt: Begreifen Sie oder finden Sie etwas heraus durch Analyse? Betrachten wir das einmal! Hier haben wir das Problem der Spaltung, des Widerspruchs in uns selbst. Ich will es verstehen und ihm auf den Grund gehen, um festzustellen, ob es möglich ist, daß der Geist ohne Zersplitterung existiert. Kann ich das durch Analyse herausfinden? Wird dieser Spaltung durch Analyse ein Ende gesetzt? Die Analyse setzt doch jemanden voraus, der analysiert, und etwas, das analysiert wird. Daher unterscheiden sich diese beiden, und das führt zu Spaltung. Kann also diese Zersplitterung in uns durch Analyse, die natürlich Denken bedeutet, zu Ende kommen, oder geschieht es durch unmittelbare Wahrnehmung?

Sie können nur dann etwas unmittelbarer wahrnehmen, wenn Sie diese Spaltung nicht verurteilen, wenn gar kein Urteil stattfindet, das mir anschafft, in einem Zustand ohne Spaltung zu sein und diese Harmonie anzustreben. Sie können Harmonie nicht erreichen, solange diese Spaltung zwischen Ihnen und der Harmonie als eine Vorstellung besteht, denn diese Spaltung, aus dem Denken entstanden, trägt den Keim weiterer Spaltung.

Seit grauen Urzeiten sagt man, hie Gott, hie Mensch – diese ewige Spaltung. Später sagte man, Gott sei nicht jenseitig, sondern hier, in dir selbst. Und wieder gab es diese Spaltung zwischen dir und dem Gott in dir. Der Gott, der früher in einem Stein, einem Baum, einer

Statue wohnte, der als Heiland und Meister verehrt wurde, war jetzt in dir; du *bist* der Gott. Dann sagt der Gott in dir: »Tue dies und tue jenes nicht, sei in Harmonie, sei freundlich, liebe deinen Nächsten«, aber du kannst es nicht, weil du zwischen dir und dem Gott in dir gespalten bist.

Durch das Denken kommt die Spaltung also zustande, und durch das Denken, das heißt durch Analyse, hoffen Sie den Zustand zu erreichen, in dem es keine Spaltung gibt. Das können Sie aber nicht; es geht nur, wenn der Geist selbst diesen ganzen Prozeß beobachtet und begreift und sich dann ganz still verhält. Dieses Wort »Begreifen« ist sehr wichtig. Eine Beschreibung führt nicht zum Begreifen, auch nicht die Entdeckung der Ursache von etwas. Was führt also dazu, und was *ist* es? Haben Sie je bemerkt, wenn Ihr Geist still zuhört – nicht streitet, nicht urteilt, kritisiert, abschätzt und vergleicht, sondern nur zuhört –, dann ist er in diesem Zustand still geworden, und nur dann begreifen wir. Es gibt diese Spaltung in uns, diesen ewigen Widerspruch, und wir müssen uns einfach dessen bewußt sein und nicht versuchen, ihn zu beseitigen, denn alles, was wir tun, verursacht diese Spaltung. Die vollkommene Enthaltung ist daher die vollkommene Handlung.

Da dies unser letztes Gespräch ist, möchte ich auf etwas eingehen, was Ihnen vielleicht etwas fremd sein wird, obwohl Sie das Wort vielleicht gehört und ihm eine bestimmte Bedeutung gegeben haben. Ich spreche von der Meditation, und es ist äußerst wichtig, daß wir sie verstehen. Wenn uns das gelingt, dann verstehen wir vielleicht auch das ganze komplexe Problem der Existenz und können es leben. Existenz umfaßt alle Beziehungen, nicht nur zwischen uns und unserem Besitz, sondern auch unsere Beziehungen zueinander und, falls wir eine solche haben, unsere Beziehung zur Wirklichkeit.

In dieser mühseligen und komplexen Existenz ist das Verstehen von grundlegender Bedeutung. Ich verwende das Wort »Verstehen« nicht in seinem wörtlichen Sinn, denn für mich bedeutet Verstehen die *Handlung* selbst. Es ist nicht so, daß man erst versteht und dann handelt, sondern das Verstehen *ist* das Tun, *ist* die Handlung. Die beiden sind nicht voneinander unterschieden. Wenn wir dieses Problem verstehen, begegnen wir vielleicht auch dem Wort »Liebe« und dem, was die meisten Menschen fürchten, dem Tod.

Wir wollen also miteinander diese Frage des Lebens, der Existenz, die alle Beziehungen einschließt, der Liebe und des Todes untersuchen. Meditation heißt, das Problem des Lebens verstehend in den Griff zu bekommen, nicht bloß als Phänomen, sondern als etwas ungeheuer Bedeutendes, das man sorgsam hegen und in der Tiefe leben muß, ja, Meditation *ist* Leben. Viele jedoch halten Meditation für eine Flucht aus dem Leben, sie ziehen sich in ein Kloster zurück, legen ein besonderes Gewand an und steigen aus diesem ganzen, komplexen Geschäft des Lebens aus. Es gibt in Indien und Asien manche Schulen, die eine Methode, ein System anbieten, das die Sensibilität vielleicht erhöht, und wenn man kurzsichtig genug ist, sich Visionen hinzugeben, kann man dadurch in eine geheim-

nisvolle, metaphysische Existenz flüchten, die in Wirklichkeit das gleiche alte, erbärmliche Dasein ist. Doch in der Meditation gibt es keinen vorgezeichneten Pfad, kein System und keine Methode. Sie ist keine Abstraktion des Lebens mit seinen Freuden, Kümmernissen und seiner Verzweiflung, noch ist sie ein Ausweg, eine Flucht in eine mystische, unwirkliche, romantische Welt der eigenen Phantasie.
Wir – wenigstens der Redner – verwenden dieses Wort also nicht als ein Fluchtmittel, sondern um dem Verständnis der ganzen Existenz näherzukommen. Dann hat Meditation große Bedeutung, dann wird sie zum Segen, etwas Außerordentliches, das man in der Tiefe verstehen muß. Das wollen wir jetzt zusammen ergründen! Sie wissen, daß dieses Wort »Meditation« in letzter Zeit sehr modern geworden ist. Es ist fast in aller Munde, man sieht es sogar im *New Yorker*[1], und die Herren mit den langen Haaren reden viel davon. Sie bieten Ihnen eine Methode, ein System an, geben Ihnen ein paar Worte, die Sie als Mantra wiederholen sollen, und die Versicherung, daß Sie durch diese Praxis allen Kummer überwinden und eine außerordentliche Wirkung erlangen werden. Es ist klar, daß das Unsinn ist, denn ein stumpfer und stupider Geist, durch und durch konditioniert, durchtränkt mit seinem Aberglauben, seinen Vorurteilen und Fehlschlüssen, kann einer bestimmten Methode folgen und ad infinitum meditieren, aber er wird trotzdem stumpf und stupide bleiben. Eine Prüfung zeigt uns die völlige Sinnlosigkeit der Methode, des »Wie«, ihres Vorge-

[1] *The New Yorker:* Die beliebteste amerikanische Wochenzeitschrift für Unterhaltung mit gehobenem Niveau. *Anm. d. Übers.*

hens, sei es von den Alten vorgeschrieben oder vom modernen Guru mit seinen Allüren, und die völlige Absurdität, einen Zustand sogenannter Erleuchtung gegen eine Summe Geldes einzutauschen. Wir wollen uns mit dieser Art von Meditation, die eine Form von Flucht ist, hier nicht weiter befassen; wir können sie in objektiver und intelligenter Einsicht beiseitelassen[1]. Seien wir uns von vornherein darüber im klaren, daß Meditation keine Form der Unterhaltung ist, oder etwas, das man von einem anderen, zu welchem Preis auch immer, kaufen kann. Sie fordert keine Anerkennung irgendeiner Autorität, die des Vortragenden – besonders die seine – inbegriffen, denn wenn man dem Problem des Lebens auf den Grund gehen will, gibt es *keine* Autorität, keinen Lehrer, keinen Meister und keinen Guru. Sie haben alle versagt. Jeder von uns hat Kummer und Mühsal. Wir sind verwirrt, bedrückt und sehnen uns nach etwas, und es kommt darauf an, daß wir das verstehen, nicht irgend eine geheimnisvolle Vision. Visionen kann man leicht erklären, und durch den Gebrauch von Drogen, durch die Wiederholung von Wörtern und Sätzen, durch die Anwendung verschiedener Formen von Selbsthypnose, *kann* der Geist jedes Phantasiebild hervorbringen, alles glauben und sich selbst unzählige Fallen stellen.

[1] Obwohl Krishnamurti keinen Namen nennt, liegt die Vermutung nahe, daß die vorhergehenden Ausführungen sich auf die »Transzendentale Meditation« des Maharihi Mahesh Yogi beziehen. Diese populäre Bewegung ist weltweit organisiert und verlangt in der Tat eine erhebliche Gebühr für die »Initiation«, bei der dem neuen Anhänger ein Mantra gegeben wird. Es gibt heute, vor allem in USA, zahlreiche Publikationen über die Bewegung mit Zeugnissen über die Erfolge dieser Meditationsmethode; allerdings mehren sich auch die Berichte über schwere psychische Schädigungen durch diese Methode. *Anm. d. Übers.*

Wir haben es mit dem Leben zu tun, mit dem tagtäglichen Leben, mit seinen schmerzhaften Kämpfen und flüchtigen Freuden, mit seinen Ängsten, Hoffnungen, seiner Verzweiflung und seinem Kummer, mit leidvoller Einsamkeit und dem vollkommenen Mangel an Liebe, mit den groben und subtilen Formen der Selbstsucht und zuletzt mit der Angst vor dem Tod. Es handelt sich also um Dinge, die uns direkt angehen, und der Schlüssel zu ihrem tiefen Verständnis – mit aller Leidenschaft, die uns zu Gebote steht, ist die Meditation. Wir empfangen sie jedoch nicht aus der Hand eines anderen. Sie ist in keinem Buch, von keinem Philosophen oder Spezialisten dargestellt, denn die Art und Weise, wie man meditiert, ist sehr wichtig. Das Wort selbst bedeutet nachdenken, sich besinnen, einer Sache auf den Grund gehen. Meditation ist daher keine Anweisung wie man denken oder was man tun soll, um den Geist unter Kontrolle zu bringen, so daß er still und ruhig wird, sondern sie ist das Verständnis aller Probleme des Lebens, und daraus entsteht die Schönheit der Stille, denn ohne diese Schönheit hat das Leben keinen Sinn. Mit Schönheit sind nicht die Berge dort gemeint, die Bäume, das Licht über dem Wasser oder der Vogel im Flug, sondern die Schönheit des Lebens, wie sie uns im täglichen Leben entgegentritt, im Büro oder zu Hause, wenn man für sich allein spazierengeht, im tiefen Einklang mit der Natur und der Welt, denn ohne diese Schönheit ist das Leben sinnlos.

Gehen wir gemeinsam dieser Frage nach, nicht nur objektiv, äußerlich, sondern auch innerlich. Die äußere Bewegung ist gleichzeitig die innere, die beiden sind nicht voneinander geschieden. Sie sind wie Ebbe und Flut, und das zu verstehen, ohne Trennung und Spaltung, ist das Schöne an der Meditation. Um *total* zu leben, ohne Zwietracht und Widerspruch, braucht man Gleichgewicht und Harmonie, und die Meditation ist der Weg dazu.

Meditation hat mit vielen Dingen zu tun. Ich hoffe, Sie interessieren sich für all das, weil es sehr wichtig ist, daß Sie das richtig verstehen. Wenn Sie nicht wissen, wie man meditiert, wie man lebt – ich fürchte, die meisten von uns führen ein sehr oberflächliches Leben, sie gehen ins Büro, haben eine gute Stellung, eine Familie und ein Heim, lassen sich entweder auf einer Cocktailparty oder im Kino unterhalten, und das nennen wir leben –, dann wird Ihr Leben eine sehr langweilige, leere und seichte Angelegenheit. Unglücklicherweise wird die moderne Zivilisation, speziell in diesem Lande, immer mehr genormt, immer oberflächlicher. Sie können meinetwegen alle Luxusartikel der Welt, gutes Essen, gute Häuser, gute Badezimmer besitzen und sich guter Gesundheit erfreuen, aber ohne das innere Leben – nicht das innere Leben *aus zweiter Hand* eines anderen, sondern Ihr eigenes inneres Leben, das Sie selbst entdeckt haben, dem Sie Wert beimessen, das Sie leben und das Meditation *ist* – wird das Leben etwas Erbärmliches. Dann werden wir noch mehr Kriege, noch mehr Zerstörung, noch mehr Elend haben. Daher ist die Meditation, ob Sie es wollen oder nicht, unabdingbar für jedes menschliche Wesen, sei es hochgebildet oder ein einfacher Mensch im Abseits, und so hoffe ich, daß wir uns gemeinsam auf diese Reise einlassen, sie gemeinsam unternehmen.

Meditation hat mit Konzentration zu tun, die, recht betrachtet, eine Form der Auswahl ist. Das heißt, daß man das Denken in eine bestimmte Richtung zwingt und alles andere ausschaltet: Das versteht man im allgemeinen unter Konzentration. Sie lenken Ihren Geist auf etwas Bestimmtes hin, und diese Konzentration errichtet eine Mauer, die jeden anderen Gedanken aussperrt. Darin ist ein dualistischer Prozeß am Werk, eine Spaltung, ein Widerspruch, der bei näherem Hinsehen auf der Hand liegt. Meditation ist daher etwas anderes als Konzentration und Gedankenkontrolle, obwohl Konzentration natürlich dazugehört. Meditation braucht Aufmerksamkeit, die keine Konzentration ist, obwohl Aufmerksamkeit die Konzentration einschließt. *Aufmerksam sein* – das bedeutet, den ganzen Geist, Herz und Leib leidenschaftlich an etwas hingeben, und in dieser Aufmerksamkeit ist bei genauer Beobachtung weder der Denker noch das Denken vorhanden, weder der Beobachter noch das Beobachtete, sondern nur ein Zustand der Aufmerksamkeit, und um so vollständig, so frei aufmerksam sein zu können, muß Freiheit da sein.

Hierin liegt das ganze Problem: Nur ein völlig freier Geist kann vollkommen aufmerksam sein, einer, der sowohl intellektuell als auch emotional aufmerksam sein und aller Reaktionen bewußt sein kann, ein Geist, aus dem Freiheit kommt. Und das ist nicht so schwer, wenn Sie nichts Außergewöhnliches darunter verstehen. Es ist wirklich ganz einfach. Wenn sie irgend etwas zuhören – sei es Musik oder den seltsamen Lauten der Kojoten, wenn sie sich abends zurufen, sei es dem Lied eines Vogels oder der Stimme Ihres Gatten oder Ihrer Frau –, schenken Sie dem Ihre ganze Aufmerksamkeit. *Sie tun* es auch, wenn sie sehr stark und unmittelbar angesprochen sind, dann hören Sie mit außerordentlicher Aufmerksamkeit zu. Wenn etwas schmerzt oder Gewinn bringt, wenn Sie etwas davon profitieren, hören Sie sehr aufmerksam zu, aber wenn dieses Zuhören mit einer Belohnung verbunden ist, dann hat man auch die Angst vor dem Verlieren.

In der Aufmerksamkeit ist also Freiheit, und nur ein freier Geist ist zu der Aufmerksamkeit fähig, in der es keine Leistung, keinen Gewinn oder Verlust und keine Angst gibt. Es braucht unbedingt einen stillen, aufmerksamen Geist, um dieses ungeheure Lebensproblem zu verstehen und diesen Zustand der Liebe zu erreichen. Zusammen wollen wir jetzt erfahren, was es heißt, aufmerksam zu sein, denn nur der aufmerksame ist auch der meditative Geist. Wir wollen es *erfahren*, nicht Kenntnisse sammeln. Kenntnisse sammeln ist eine Sache, erfahren eine ganz andere. So wollen wir also gemeinsam dieses Problem des Lebens erfahren, und das heißt Beziehung, Liebe und Tod.

Was bedeutet es zu leben? Nicht, was *sollte es sein*, oder was ist sein Ziel, seine Bedeutung, oder auf welches Prinzip soll sich das Leben gründen, sondern was heißt Leben wirklich, jetzt, in diesem Augenblick, in der privaten, verborgenen Sphäre unseres täglichen Lebens, denn das ist die einzige Tatsache und sonst nichts. Alles andere ist theoretisch, unreal und illusorisch. Was ist dieses Leben also, unser Leben, das Leben eines Privatmenschen? Was ist sein Leben in Beziehung zur Gesellschaft, die er errichtet hat und die ihn gefangenhält? Sicher, er *ist* die Gesellschaft, er *ist* die Welt, und die Welt unterscheidet sich nicht von ihm, und das ist ebenfalls eine Tatsache, die auf der Hand liegt.

Womit wir uns eigentlich beschäftigen, ist das, *was ist*, unser eigenes Leben, nicht Abstraktionen, Ideale, die ohnehin sinnlos sind. Was ist unser Leben also? Vom Augenblick unserer Geburt bis hin zu unserem Tod ist unser Leben ein dauernder Kampf, ein ewiges Ringen, voll Einsamkeit, Angst und Verzweiflung, eine mühselige Routine der Langeweile und Wiederholung und ein vollkommener Mangel an Liebe, vorübergehend erhellt durch ein flüchtiges Vergnügen. Das ist unser Leben, unsere tägliche gequälte Existenz, von der wir vierzig Jahre in einem Büro oder einer Fabrik zubringen oder als Hausfrau mit der ganzen Plackerei und dumpfen Sorge, mit Neid und Eifersucht, trostloser Langeweile, und unaufhörlich denken wir an das sexuelle Vergnügen. So sieht unser Leben aus, wenn Sie im geringsten ernsthaft sind und beobachten, was wirklich *ist*. Wenn Sie allerdings bloß Unterhaltung auf verschiedene Weise suchen, in der Kirche oder auf dem Fußballplatz, dann bringt eine solche Unterhaltung ihren eigenen Schmerz und Kummer, ihre eigenen Probleme mit sich. Das seichte Gemüt flüchtet sich in Kirche und Fußball, aber mit einem solchen Gemüt haben wir nichts zu tun, denn es hat kein echtes Interesse.

Das Leben ist ernst, aber in diesem Ernst steckt ein großes Lachen, und nur das ernste Gemüt ist lebendig und kann die ungeheuren Probleme der Existenz lösen. Unser Leben, wie wir es täglich leben, ist eine Mühsal. Das kann niemand leugnen, und wir wissen nicht, wie wir es ändern können. Wir möchten eine andere Lebensweise finden, wenigstens sagen wir das, und manche von uns machen auch einen Versuch in dieser Richtung. Bevor wir jedoch versuchen, etwas zu ändern, müssen wir verstehen, was ist, nicht, was sein sollte. Wir müssen das, *was ist*, richtig in die Hand nehmen und ansehen, und das geht nicht. Sie können nicht eng und unmittelbar damit in Berührung sein, wenn Sie ein Ideal haben, oder wenn Sie meinen, dies muß sich zu jenem verändern, oder wenn Sie es auf eine Änderung abgesehen haben. Wenn Sie aber imstande sind, die Dinge anzusehen, *wie sie sind*, dann werden Sie auf eine ganz andere Art von Veränderung stoßen, und das wollen wir jetzt untersuchen.

Bitte, folgen Sie dem ein wenig! Es sieht vielleicht kompliziert aus, ist es aber nicht, wenn Sie *still* zuhören. Es gibt den Beobachter und den Gegenstand der Beobachtung, und die beiden sind gespalten. Diese Spaltung, diese Trennungswand ist das Wort, das Bild, die Erinnerung, der Raum, in dem der ganze Konflikt sich abspielt, und dieser Raum ist das Ego, das »Ich«, diese Anhäufung von Worten, Erinnerungen von tausend Gestern, und daher gibt es keine unmittelbare Berührung mit dem, was ist. Entweder man verurteilt das, was ist, rationalisiert, akzeptiert oder rechtfertigt es, und da dies alles Verbalisierung bedeutet, gibt es keine direkte Berührung und daher kein Verständnis und folglich auch keine Lösung dessen, was ist.

Sehen Sie, da ist der Neid – Neid besteht im messenden Vergleichen –, und wir sind so konditioniert, daß wir ihn akzeptieren. Einer ist klug, intelligent, erfolgreich, und der andere nicht. Von Kindheit an ist man dazu erzogen worden, zu messen, zu vergleichen, und so entsteht der Neid. Aber man nimmt den Neid objektiv als etwas Äußerliches wahr, während der Beobachter selbst dieser Neid *ist*. Es gibt keine wirkliche Spaltung zwischen dem Beobachter und dem Beobachteten. Der Beobachter erkennt also, daß er den Neid gar nicht abschaffen kann; er sieht deutlich, daß alles, was er dagegen tun kann, immer noch Neid ist, denn er ist Ursache und Wirkung zugleich. Das *was ist*, unser tägliches Leben mit all seinen Problemen des Neides, der Eifersucht, der Angst, Einsamkeit und Verzweiflung unterscheidet sich nicht von dem Beobachter, der sagt: »Ich bin all dies.« Der Beobachter ist neidisch, eifersüchtig, ängstlich, einsam und verzweifelt, daher kann er gegen das, was ist, nichts unternehmen, aber das heißt nicht, daß er es akzeptiert, daß er damit lebt oder sich damit abfindet. Dieser Konflikt entsteht durch die Spaltung zwischen dem Beobachter und dem Beobachteten, aber wenn kein Widerstand mehr vorhanden ist gegen das, was ist, dann findet eine vollkommene Wandlung statt, und diese Wandlung ist Meditation. Wenn Sie also die ganze Struktur und das Wesen des Beobachters, der Sie selber sind, und auch das Beobachtete erkennen, das wiederum *Sie selbst* sind, und die Ganzheit beider, ihre Einheit erfassen, dann *ist* das Meditation. In ihr gibt es keinen Konflikt irgendwelcher Art, daher löst sie das, was ist, auf und übersteigt es.

Dann werden Sie sich auch fragen: Was ist Liebe? Wir haben uns mit Angst beschäftigt, und jetzt wollen wir gemeinsam erwägen, was Liebe heißt. Sie wissen, daß das Wort stark belastet ist. Es wurde mißbraucht, verzerrt, zertreten und verdorben durch den Priester, den Psychologen und den Politiker, durch jede Zeitung und Zeitschrift; man schreibt und redet endlos darüber. Was ist die Liebe also? Nicht das, was sie sein sollte, nicht ihr Ideal oder die höchste Vorstellung, sondern was ist die Liebe, die wir haben, die wir kennen? Das, was wir Liebe nennen, enthält Eifersucht und Haß und ist durchsetzt mit Schmerz. Wir sind nicht zynisch, wir beobachten nur, was das wirklich ist, dieses Ding, das wir Liebe nennen. Ist Liebe Eifersucht, ist Liebe Haß? Ist Liebe Besitzgier, Tyrannei der Frau über den Mann oder des Mannes über die Frau? Sie sagen, daß Sie Ihre Familie, Ihre Kinder lieben, aber lieben Sie sie wirklich? Wenn Sie wirklich Ihre Kinder von ganzem Herzen liebten – und nicht nur mit Ihrem schäbigen kleinen Verstand –, meinen Sie, daß es morgen noch einen Krieg geben würde? Wenn Sie Ihre Kinder wirklich liebten, glauben Sie, daß Sie sie so erziehen würden, sie darauf drillen und sie zwingen, sich der etablierten Ordnung einer verrotteten Gesellschaft anzupassen? Wenn Sie Ihre Kinder wirklich liebten, würden Sie erlauben, daß man sie umbringt oder gräßlich verstümmelt in einem Krieg, gleichgültig, ob es Ihr Krieg oder der eines anderen ist? Wenn Sie dies alles betrachten, dann scheint es doch darauf hinzudeuten, daß gar keine Liebe darin ist. Liebe ist keine Empfindung oder irgendein emotionaler Unsinn, und vor allem ist Liebe nicht Genuß.

Wir müssen also verstehen, was Vergnügen, Genuß bedeuten. Für die meisten von uns sind Liebe, Sex und Genuß ein und dasselbe. Wenn wir von Liebe reden, gibt es Gottesliebe, was immer das heißt – und ich glaube, daß sie nicht einmal den Geistlichen etwas bedeutet, weil auch sie Konflikte haben mit ihrem Ehrgeiz, ihren Wünschen, ihrer Autorität und ihrem Besitz, mit ihren Göttern, Dogmen und Riten – und die sogenannte Liebe, die sich auf das sexuelle Vergnügen bezieht. Liebe ist außerdem verstrickt mit Qual, Schmerz und Verzweiflung; wenn Liebe also nicht Genuß ist, was ist dann Genuß? Bitte beachten Sie, daß wir Genuß und Freude nicht verleugnen! Es ist ein großer Genuß, eine Freude, diese herrlichen Berge zu sehen, wie sie im Abendrot leuchten, diese wunderbaren Bäume zu sehen, die dem Waldbrand und dem Staub von vielen Monaten widerstanden haben, glänzend und rein gewaschen vom Regen. Es ist ein großer Genuß, am Abend die Sterne zu sehen (wenn Sie das je tun). Doch für uns ist das kein Genuß, denn wir wollen nur den sinnlichen Genuß, die intellektuellen und emotionalen Freuden. Wir müssen uns daher fragen: Was ist Genuß? Wir verurteilen ihn nicht, wir versuchen, ihn zu verstehen und das Wort zu hinterfragen.

Genuß, Freude wird wie die Angst vom Denken erzeugt. Gestern bist du in dem stillen Tal gestanden und hast zu dem Wunder der Berge in der Ferne emporgesehen, und in diesem bestimmten Augenblick warst du sehr entzückt. Dann kommt das Denken und sagt, wie schön es wäre, wenn man die Erfahrung von gestern wiederholen könnte. Dieses Nachdenken über die gestrige Erfahrung, das Betrachten des wunderbaren Baumes, des Himmels und der Berge oder Ihr sexueller Genuß, *ist* Freude. Das Bild, das Leben in Gedanken mit etwas, was Ihnen gestern Freude gemacht hat, das Nachdenken darüber, ist der Anfang des Genießens.

In gleicher Weise ist das Nachdenken darüber, was morgen geschehen könnte, die Möglichkeit, daß Genuß versagt werden könnte, daß Sie Ihre Stellung verlieren, krank werden oder einen Unfall haben könnten, der Anfang von Angst. Das Denken erzeugt also zugleich Genuß (Freude, Lust) und Angst, aber für uns *ist* Liebe Genuß.

Bitte, folgen Sie jetzt sehr genau! Liebe ist Denken, weil für uns Liebe Genießen bedeutet, das dem Denken entspringt und von ihm genährt wird. Die Lust ist nicht der eigentliche Moment, wenn wir den Sonnenuntergang oder den Geschlechtsakt erleben, sondern sie liegt im *Nachdenken darüber*. Die Liebe wird also vom Denken erzeugt und als Genuß von ihm genährt, erhalten und verlängert. Wenn man genau zusieht, liegt diese Tatsache auf der Hand.

Dann fragt man sich: Ist Liebe das Denken? Wir wissen, daß das Denken Lust erzeugen kann, aber unter keinen Umständen kann sie Liebe hervorbringen, ebenso wenig wie Demut. Liebe ist also weder Lust noch Begehren – dennoch lassen sich weder Lust noch Begehren *leugnen*. Wenn man die Welt ansieht, die Schönheit eines Baumes oder ein anmutiges Gesicht, ist das Entzücken in diesem bestimmten Augenblick groß, dann kommt das Denken ins Spiel und gibt ihm Zeit und Raum, um sich als Lust fortzupflanzen.

Wenn Sie das Wesen und die Struktur der Lust im Verhältnis zur Liebe verstehen und wenn Sie sie *begreifen* – und das gehört zur Meditation –, dann werden Sie merken, daß Liebe etwas ganz anderes ist, dann werden Sie wirklich Ihre Kinder lieben und eine neue Welt erschaffen. Wenn Sie diesen Zustand erreichen, wenn

Sie Liebe *kennen*, dann können Sie tun, was Sie wollen, und nichts ist unrecht. Nur wenn Sie die Lust suchen, wie Sie es jetzt tun, dann wird alles falsch.

Hier ist außerdem das Problem des Todes. Wir haben uns überlegt, was unser wirkliches tägliches Leben ist, und ich hoffe, daß wir eine Reise tief in unser Inneres angetreten haben, um zu erkennen, was Liebe ist, und jetzt wollen wir versuchen herauszufinden, was der Tod ist. Sie werden dieses gewaltige Problem des Todes (nicht, was jenseits des Todes liegt) nur dann verstehen, wenn Sie sterben können, und wenn Sie das können, ist das, was nach dem Tode geschieht, vollkommen irrelevant. Wir wollen also herausfinden, was sterben heißt.

Der Tod ist unvermeidlich. Der Körper, der Organismus muß sich wie jede Maschine, die ständig in Gebrauch ist, schließlich abnützen und den Geist aufgeben. Die meisten von uns sterben leider an Altersschwäche oder an einer Krankheit, ohne zu wissen, was Sterben eigentlich heißt. Wir haben das Altersproblem, und Alter ist für uns ein Graus. Ich weiß nicht, ob Sie je bemerkt haben, wie im Herbst ein Blatt vom Baum fällt, wie schön es gefärbt ist, wie anmutig und sanft, und doch vergeht es so leicht und mühelos. Wir dagegen, wenn wir altern – sehen Sie uns nur an! Diese Häßlichkeit, diese Verunstaltung, dieses Gehabe! Beobachten Sie es an sich selbst! Und weil wir weder in der Jugend noch in unseren mittleren Jahren richtig gelebt haben, wird das Alter ein ungeheures Problem. Es ist eine Tatsache, daß wir nie wirklich gelebt haben, weil wir Angst haben, Angst vor dem Leben und Angst vor dem Sterben, und wenn wir alt werden, stößt uns alles zu. Das ist eines unserer größten Probleme. Deshalb wollen wir herausfinden, was es heißt, zu sterben, wissend, daß der Organismus absterben muß und daß der Geist in seiner Verzweiflung über das Ende unweigerlich in einer Theorie, einem Glauben, gewöhnlich in der Wiederauferstehung oder Wiedergeburt, Trost und Hoffnung suchen wird.

Ganz Asien ist bekanntlich so konditioniert, daß es die Theorie der Wiedergeburt akzeptiert. Die Menschen diskutieren und schreiben viel darüber, und sie investieren ihr ganzes Leben in die Hoffnung und Erfüllung ihres *nächsten* Lebens, aber sie übersehen einen wichtigen Punkt. Wenn man wiedergeboren wird, ist es doch sicher von großer Bedeutung, in diesem Leben richtig zu leben. Es macht daher sehr viel aus, was man *jetzt* tut, was man denkt, wie man sich verhält, wie man spricht und wie das Denken abläuft, denn das nächste Leben wird von den Taten in diesem Leben bestimmt. Möglicherweise muß man etwas sühnen. Die Menschen scheinen das jedoch alles zu vergessen und reden statt dessen davon, wie schön und wie gerecht die Wiedergeburt sei und solchen trivialen Unsinn.

Wir wollen uns vor den Tatsachen nicht in eine Theorie flüchten, sondern ihnen ohne Angst begegnen. Was bedeutet es, *psychisch, innerlich zu sterben?* Den organischen Tod kann man nicht um Aufschub bitten. Man kann nicht sagen: »Bitte, warte ein paar Tage, bis ich Chef des Unternehmens bin.«, oder: »Kann es nicht einen Augenblick später sein, ich werde eben Erzbischof?« Du kannst nicht handeln, es ist aus! Daher mußt du herausfinden, was es heißt, innerlich, psychisch zu sterben. Innerlich sterben heißt, daß die

Vergangenheit vollkommen aufhören muß – man muß jedem Vergnügen sterben, allen Erinnerungen, die einem teuer sind, allen Dingen, die man liebhat, und *jeden Tag* muß man sterben, nicht nur theoretisch, sondern tatsächlich. Dem Vergnügen sterben, das man gestern genoß, heißt, ihm *augenblicklich* sterben, ohne es in Gedanken fortzusetzen. So zu leben, daß der Geist immer jung, frisch und unschuldig, immer verletzlich ist, das heißt Meditation.

Wenn man einmal den Grundstein zur wahren Tugend gelegt hat, nämlich zur Ordnung in den Beziehungen, dann entsteht diese Art der Liebe und des Sterbens, und das ist das ganze Leben. Dann wird der Geist bemerkenswert still, er verstummt *natürlich*, nicht zwangsmäßig durch Disziplin und Kontrolle, und diese Stille ist unerhört reich.

Darüber hinaus nützt kein Wort und keine Beschreibung. Dann fragt der Geist nicht mehr nach dem Absoluten, es ist nicht nötig, denn in dieser Stille liegt *das, was ist*. Und all dies ist der Segen der Meditation.

Über das Erwachen der Intelligenz[1]

Ein Gespräch zwischen Jiddu Krishnamurti und Professor David Bohm[2]

Professor Bohm: Ich schlage immer gern Ursprung und Bedeutung eines Wortes nach. Was die ›Intelligenz‹ betrifft, ist das sehr interessant. Es kommt von ›inter‹ und ›legere‹, was soviel heißt wie ›zwischen den Zeilen lesen‹. Man könnte also sagen, daß das Denken der durch ein Buch vermittelten Information ähnelt, die die Intelligenz lesen und deren Sinn sie erfassen muß. Ich finde, dieses Beispiel vermittelt eine gute Vorstellung von der Intelligenz.

Krishnamurti: Zwischen den Zeilen lesen?

Bohm: Ja, um den Sinn zu entdecken. Das Wörterbuch führt noch eine andere zutreffende Bedeutung an, nämlich: geistige Wachsamkeit.

Krishnamurti: Ja, geistige Wachsamkeit.

Bohm: Nun, das ist etwas ganz anderes als das, woran man im allgemeinen denkt, wenn man Intelligenz mißt. Unter Berücksichtigung vieler Ihrer Ausführungen sagen Sie also, daß Intelligenz kein Denkvorgang ist. Sie sagen, daß der Denkvorgang im ›alten Gehirn‹

1 Brockwood Park, Hampshire (England) 7. 10. 1972

2 David Bohm ist Professor für Theoretische Physik am Birkbeck College der Londoner Universität. Folgende Veröffentlichungen sind von ihm erschienen: Causality and Chance in Modern Physics; Quantum Theory; The Special Theory of Relativity.

stattfindet, daß es ein physischer, elektro-chemischer Prozeß ist. Es ist wissenschaftlich erwiesen, daß alle Denkprozesse physischer, chemischer Art sind. Somit können wir vielleicht feststellen, daß die Intelligenz nicht von der Art des Gedanklichen ist, daß sie keineswegs dem zeitlichen Zustand angehört.

Krishnamurti: Die Intelligenz?

Bohm: Ja, die Intelligenz liest ›zwischen den Zeilen‹ des Denkens, erkennt den gedanklichen Sinn. Ehe wir mit dieser Frage beginnen, müssen wir noch einen anderen Punkt berücksichtigen: Wenn Sie sagen, daß das Denken physischer Natur ist, dann scheint der Geist oder die Intelligenz, oder wie immer Sie das bezeichnen wollen, von anderer Beschaffenheit zu sein, einem anderen Zustand anzugehören. Würden Sie sagen, daß zwischen dem Physischen und der Intelligenz wirklich ein Unterschied besteht?

Krishnamurti: Ja. Sagen wir damit, daß das Denken stofflich ist? Wir wollen es anders formulieren.

Bohm: Stofflich? Ich möchte eher von einem stofflichen Prozeß sprechen.

Krishnamurti: Gut. Denken ist ein stofflicher Prozeß, und in welcher Beziehung steht dieser zur Intelligenz. Ist die Intelligenz das Ergebnis des Denkens?

Bohm: Ich meine, wir können selbstverständlich sagen, daß sie es nicht ist.

Krishnamurti: Warum nehmen wir das als selbstverständlich an?

Bohm: Einfach darum, weil Denken mechanisch ist.

Krishnamurti: Denken ist mechanisch. Das stimmt.

Bohm: Die Intelligenz ist nicht mechanisch.

Krishnamurti: Deshalb ist das Denken meßbar, nicht

aber die Intelligenz. Und wie tritt nun diese Intelligenz ins Dasein? Wenn das Denken und die Intelligenz nicht miteinander in Beziehung stehen, ist dann das Ende des Denkens das Erwachen der Intelligenz? Oder ist es so, daß die Intelligenz, da sie vom Denken unabhängig und zeitlos ist, immer existiert?

Bohm: Das wirft viele schwierige Fragen auf.

Krishnamurti: Ich weiß.

Bohm: Ich möchte das gern in ein Denksystem eingliedern, das man mit eventuell existierenden wissenschaftlichen Anschauungen verbinden könnte.

Krishnamurti: Ja.

Bohm: Um zu sehen, ob es sich einfügt oder nicht. Sie sagen also, möglicherweise existiert die Intelligenz immer.

Krishnamurti: Ich frage das. Existiert sie immer?

Bohm: Vielleicht, vielleicht nicht. Oder wäre es möglich, daß irgend etwas der Intelligenz im Wege ist?

Krishnamurti: Sehen Sie, die Hindus vertreten die Theorie, daß Brahma oder die Intelligenz ewig existiert und nur von Täuschung, durch die Materie, durch Dummheit, durch allerhand schädliche Dinge, die das Denken erschaffen hat, verdeckt wird. Ich weiß nicht, ob Sie soweit gehen würden.

Bohm: Nun ja, wir sehen die ewige Existenz der Intelligenz ja nicht wirklich.

Krishnamurti: Die Hindus sagen: Schält das alles ab, und das eine wird zum Vorschein kommen. Sie nehmen also an, daß sie immer existiert.

Bohm: Das Wort ›immer‹ ist etwas schwierig.

Krishnamurti: Ja.

Bohm: Weil ›immer‹ Zeit voraussetzt.

Krishnamurti: Das stimmt.

Bohm: Das ist ja gerade die Schwierigkeit. Zeit ist Denken. Ich möchte es so sagen, daß das Denken dem zeitlichen Zustand angehört. Oder vielleicht ist es gerade umgekehrt, daß die Zeit dem gedanklichen Zustand angehört. In anderen Worten: Das Denken hat die Zeit erfunden, und tatsächlich ist Denken Zeit. Ich sehe das so, daß Gedanke in einem einzigen Augenblick alle Zeit erfassen kann. Aber dabei verändert sich das Denken, ohne zu bemerken, daß es sich physisch verändert – nämlich aus physischen Gründen.

Krishnamurti: Ja.

Bohm: Nicht aus Gründen der Vernunft?

Krishnamurti: Nein.

Bohm: Die Beweggründe haben nichts mit irgend etwas Umfassendem zu tun. Sie haben aber mit irgendeinem physischen Vorgang im Gehirn zu tun, deshalb . . .

Krishnamurti: . . . hängen sie von der Umwelt und allem möglichen ab.

Bohm: Da sich also das Denken mit der Zeit wandelt, ist es in seiner Bedeutung nicht länger folgerichtig, es wird widersprüchlich und verändert sich auf eigenmächtige Weise.

Krishnamurti: Ja, dem stimme ich zu.

Bohm: Dann beginnt man zu überlegen: Alles ist im Zustand der Veränderung, alles verändert sich, und man erkennt, ›ich bin in der Zeit‹. Wenn man die Zeit ausdehnt, wird sie riesig in bezug auf die Vergangenheit, die vor mir war und die tiefer und tiefer zurückreicht, und auf die Zukunft. So sagt man schließlich, daß die Zeit das Wesen aller Dinge sei, daß die Zeit alles erobert. Vielleicht denkt das Kind am Anfang, ›ich bin ewig‹. Erst später versteht es, daß es in der Zeit lebt. Wir alle wachsen in die allgemeine Ansicht hinein, daß die Zeit die Essenz des Daseins ist. Ich meine, das ist nicht nur die allgemeine Anschauung, sondern auch die wissenschaftliche. Es ist sehr schwer, so eine Anschauung aufzugeben, weil sie einem so intensiv eingeprägt wurde. Sie ist sogar noch stärker als die Prägung zum Beobachter und dem, was er beobachtet.

Krishnamurti: Ja, durchaus. Sagen wir also, daß das Denken der Zeit angehört, daß das Denken meßbar und veränderlich ist, sich wandeln und erweitern kann? Und daß die Intelligenz von ganz anderer Beschaffenheit ist?

Bohm: Ja, einem anderen Zustand zugehörig, von anderer Beschaffenheit. Und in bezug auf die Zeit finde ich diesen Gedanken recht interessant. Wenn wir an die Vergangenheit und die Zukunft denken, dann denken wir, daß die Vergangenheit zur Zukunft wird. Aber man kann erkennen, daß das gar nicht so sein kann, daß es eben nur Gedanke ist. Und doch gewinnt man den Eindruck, als wären beide, Vergangenheit und Zukunft, gegenwärtig und verliefen gemeinsam in eine andere Richtung, als wäre das ganze Muster in Fortbewegung.

Krishnamurti: Das ganze Muster ist in Fortbewegung.

Bohm: Aber ich kann mir nicht vorstellen, wie es sich fortbewegt. In gewisser Hinsicht bewegt es sich rechtwinklig zu Vergangenheit und Zukunft. Diese ganze Bewegung – doch dann überlege ich mir, daß sich jene Bewegung in einer anderen Zeit vollzieht.

Krishnamurti: Durchaus, durchaus.

Bohm: Aber das wäre ja wieder paradox.

Krishnamurti: Ja, das ist es eben. Ist die Intelligenz zeitlos und daher dem Denken nicht verwandt, das ein zeitlicher Vorgang ist?
Bohm: Aber das Denken muß mit ihr verwandt sein.
Krishnamurti: Wirklich? Das ist meine Frage. Ich denke, es ist nicht verwandt.
Bohm: Nicht verwandt? Und doch scheint es eine Beziehung in dem Sinne zu geben, daß man nämlich zwischen intelligentem und unintelligentem Denken unterscheidet.
Krishnamurti: Ja, aber die Intelligenz ist erforderlich, damit unintelligentes Denken erkannt wird.
Bohm: Wenn es aber die Intelligenz ist, die das Denken auslegt, welcher Art ist dann diese Beziehung?
Krishnamurti: Wir wollen langsam vorgehen . . .
Bohm: Reagiert denn Gedanke auf die Intelligenz? Verändert sich das Denken nicht?
Krishnamurti: Lassen Sie uns vereinfachen: Denken ist Zeit. Denken ist ein Vorgang im Zeitlichen. Das Denken ist meßbar, und es wirkt sich im Bereich der Zeit aus. Alles bewegt sich, verändert sich, wandelt sich um. Liegt die Intelligenz im Bereich der Zeit?
Bohm: Nun, wir haben erkannt, daß sie es gewissermaßen nicht sein kann. Aber die Sache ist nicht klar. Zunächst einmal ist alles Denken mechanisch.
Krishnamurti: Denken ist mechanisch, das ist klar.
Bohm: Zweitens gibt es gewissermaßen eine Bewegung in anderer Richtung.
Krishnamurti: Denken ist mechanisch. Da es mechanisch ist, kann es in verschiedenen Richtungen verlaufen usw. Ist die Intelligenz mechanisch? Lassen Sie uns die Frage so stellen.

Bohm: Ich würde gern fragen: Was heißt das eigentlich – mechanisch?
Krishnamurti: Nun, wiederholbar, meßbar, vergleichbar.
Bohm: Ich möchte noch ›abhängig‹ hinzufügen.
Krishnamurti: Abhängig, ja.
Bohm: Wir wollen doch klarstellen, daß die Intelligenz in ihrer Wahrhaftigkeit nicht von Bedingungen abhängig sein kann. Trotzdem aber scheint die Intelligenz nur in einem gesunden Gehirn wirksam werden zu können.
Krishnamurti: Offensichtlich.
Bohm: In diesem Sinne scheint die Intelligenz also vom Gehirn abhängig zu sein.
Krishnamurti: Oder von der Stille des Gehirns?
Bohm: Richtig, sie hängt von der Stille des Gehirns ab.
Krishnamurti: Nicht von der Aktivität des Gehirns.
Bohm: Es gibt noch eine Beziehung zwischen der Intelligenz und dem Gehirn. Wir haben diese Frage einmal vor Jahren diskutiert, als mir einfiel, daß man in der Physik ein Meßinstrument auf zwei Arten – nämlich positiv und negativ – verwenden kann. Z. B. kann man einen elektrischen Strom durch den Ausschlag der Instrumentennadel messen. Man kann aber auch das selbe Instrument als die sogenannte Wheatstonesche Brücke verwenden, wo man nur den Nullstand abliest. Der Nullstand zeigt hier Harmonie an, zeigt das Gleichgewicht auf beiden Seiten des gesamten Systems an. Wenn man also das Instrument auf diese negative Weise benutzt, ist die Ruhestellung des Instruments ein Zeichen dafür, daß es richtig arbeitet. Könnten wir also sagen, daß möglicherweise das Gehirn die Denkfä-

higkeit positiv genutzt hat, um sich ein Bild von der Welt zu machen . . .

Krishnamurti: . . . was die Denkfunktion ist – eine seiner Funktionen.

Bohm: Die andere Denkfunktion ist negativ, die in ihrer Bewegung Disharmonie anzeigt.

Krishnamurti: Ja, Disharmonie. Wir wollen von hier aus fortfahren. Ist die Intelligenz vom Gehirn abhängig? Haben wir diesen Punkt erreicht? Oder was meinen wir, wenn wir das Wort ›abhängig‹ verwenden?

Bohm: Es hat verschiedene Bedeutungen. Es kann sich um eine einfache mechanische Abhängigkeit handeln. Aber es gibt noch eine andere Abhängigkeit, wenn nämlich das eine ohne das andere nicht existieren kann. Wenn ich sage: ›Ich muß essen, um leben zu können‹, heißt das nicht, daß alles, was ich denke, von der Nahrung bestimmt wird, die ich zu mir nehme.

Krishnamurti: Ja, das stimmt.

Bohm: Ich denke also, daß die Intelligenz existentiell vom Gehirn abhängig ist, von diesem Gehirn, das Disharmonie anzeigen kann. Aber das Gehirn hat nichts mit dem Inhalt der Intelligenz zu tun.

Krishnamurti: Kann also die Intelligenz wirksam werden, wenn das Gehirn disharmonisch ist?

Bohm: Das ist die Frage.

Krishnamurti: Wir behaupten, daß die Intelligenz nicht wirksam werden kann, wenn das Gehirn Schaden erlitten hat.

Bohm: Existiert die Intelligenz überhaupt, wenn sie nicht wirksam wird? So scheint es doch, daß die Intelligenz das Gehirn braucht, um existieren zu können.

Krishnamurti: Das Gehirn ist nur ein Instrument . . .

Bohm: ... das Harmonie oder Disharmonie anzeigt.
Krishnamurti: Aber es ist nicht der Erzeuger der Intelligenz.
Bohm: Nein.
Krishnamurti: Fahren wir langsam fort.
Bohm: Das Gehirn ist nicht der Erzeuger der Intelligenz, aber das Gehirn dient ihr als Instrument, damit sie wirksam werden kann. Das ist es.
Krishnamurti: Das ist es. Wenn nun das Gehirn im Zeitlichen aufwärts und abwärts, positiv und negativ arbeitet, kann dann die Intelligenz in dieser zeitlichen Bewegung wirksam werden? Oder muß das Instrument still sein, damit sich die Intelligenz auswirken kann?
Bohm: Ja, ich möchte es vielleicht anders formulieren. Die Stille des Instruments *ist* das Wirken der Intelligenz.
Krishnamurti: Ja, das stimmt. Die beiden sind nicht voneinander getrennt.
Bohm: Sie sind ein und dasselbe. Die Un-Ruhe des Instruments ist das Versagen der Intelligenz.
Krishnamurti: Das stimmt.
Bohm: Aber ich denke, es wäre nützlich, auf jene Fragen zurückzukommen, die im gesamten wissenschaftlichen und philosophischen Denkbereich erhoben werden können. Wir würden die Frage stellen: Kann die Intelligenz gewissermaßen unabhängig von der Materie existieren? Sehen Sie, einige Menschen denken, daß Geist und Materie ein voneinander getrenntes Dasein haben. Diese eine Frage kommt wieder und wieder auf. Sie mag nicht relevant sein. Aber ich denke, wir sollten sie berücksichtigen, weil sie die Beruhigung des

Geistes unterstützen kann. Die Erwägung von Fragen, die nicht klar beantwortet werden können, ist einer der Störfaktoren im Geistigen.

Krishnamurti: Aber sehen Sie, mein Herr, wenn Sie sagen, ›weil sie die Beruhigung des Geistes unterstützen kann‹, meinen Sie dann, daß es das Denken ist, das der Intelligenz zum Erwachen verhilft? Das würde es doch bedeuten, oder? Gedanke und Materie, Verstandestätigkeit und Denkprozesse oder Gedanke, der da sagt: ›Ich will still sein, damit ich der Intelligenz zum Erwachen verhelfe.‹ Jeder gedankliche Vorgang ist Zeit, *jeder* Vorgang, weil man ihn messen kann, weil er positiv oder negativ funktioniert, weil er harmonisch oder disharmonisch in diesem Bereich wirkt. Und wenn man das erkannt hat, könnte man immer noch unbewußt oder unwissend sagen: ›Ich möchte still sein, um dies oder das zu bekommen.‹ Dann ist auch das immer noch im Bereich der Zeit.

Bohm: Ja, es ist immer noch eine Projektion.

Krishnamurti: Man projektiert etwas, um die Intelligenz einzufangen. Wie tritt nun also die Intelligenz – nein, nicht wie –, sondern wann erwacht sie?

Bohm: Diese Frage ist wieder im Zeitlichen.

Krishnamurti: Deshalb verwende ich die Wörter ›wann‹ und ›wie‹ nicht gern.

Bohm: Vielleicht könnten Sie sagen: Die Bedingung für das Erwachen der Intelligenz ist die Untätigkeit des Denkens.

Krishnamurti: Ja.

Bohm: Aber das ist dasselbe wie das Erwachen selbst. Es ist nicht bloß die Bedingung. Man kann nicht einmal fragen, ob es überhaupt Bedingungen für das Erwachen der Intelligenz gibt. Nur von einer Bedingung zu sprechen ist schon eine Form des Denkens.

Krishnamurti: Einigen wir uns dahingehend, daß jeder gedankliche Vorgang in der Zeit stattfindet, egal, in welcher Richtung er verläuft, ob er vertikal oder horizontal, aktiv oder nicht aktiv ist – jeder gedankliche Vorgang.

Bohm: Ja.

Krishnamurti: Was für eine Beziehung besteht dann zwischen diesem Vorgang und dieser Intelligenz, die kein Vorgang ist, die nicht dem Zeitlichen angehört und die nicht vom Denken erzeugt wird. Wo können die beiden einander begegnen?

Bohm: Sie begegnen einander nicht. Aber es gibt doch eine Beziehung zwischen ihnen.

Krishnamurti: Das versuchen wir herauszufinden. Zunächst einmal: Gibt es da überhaupt eine Beziehung? Man denkt, es gäbe eine, man hofft, es gäbe eine, man stellt sich eine Beziehung vor. Gibt es überhaupt eine Beziehung?

Bohm: Das hängt davon ab, was Sie unter einer Beziehung verstehen.

Krishnamurti: Beziehung ist Kontakt haben, Wiedererkennen, ein Gefühl, in Berührung zu sein.

Bohm: Nun, das Wort Beziehung kann noch einen anderen Sinn haben.

Krishnamurti: Was kann es noch bedeuten?

Bohm: Z. B., daß es da eine Parallele gibt, nicht wahr? Die Harmonie der beiden. Das heißt, zwei Dinge können aufeinander bezogen sein, ohne Kontakt zu haben – nur dadurch, daß sie einfach in Harmonie miteinander sind.

Krishnamurti: Bedeutet Harmonie, daß sich beide in derselben Richtung bewegen?
Bohm: Es könnte auch bedeuten, daß sie gewissermaßen im selben Zustand bleiben.
Krishnamurti: Im selben Zustand: dieselbe Richtung, dieselbe Tiefe, dieselbe Stärke – das alles ist Harmonie. Kann aber das Denken jemals harmonisch sein? Das Denken als Bewegung – nicht das statische Denken.
Bohm: Ich verstehe. Es gibt da jenes Denken, das Sie als ›statisch‹ gesondert betrachten, z. B. das geometrische Denken, in dem es eine gewisse Harmonie geben kann. Doch ist Gedanke in seiner eigentlichen Bewegung immer widersprüchlich.
Krishnamurti: Deshalb birgt er keine Harmonie in sich. Aber die Intelligenz birgt Harmonie in sich.
Bohm: Ich glaube, ich habe die Ursache der Unklarheit erkannt. Wir haben die statischen Ergebnisse des Verstandes, die eine gewisse relative Harmonie aufzuweisen scheinen. Aber ich habe den Eindruck, daß diese Harmonie in Wirklichkeit das Ergebnis der Intelligenz ist. In der Mathematik gibt es eine gewisse relative Harmonie von Denkergebnissen, obgleich die eigentlichen Gedankengänge des Mathematikers nicht unbedingt harmonisch sein müssen, es im allgemeinen auch nicht sind. Jene Harmonie also, die in der Mathematik erscheint, ist das Ergebnis der Intelligenz, nicht wahr?
Krishnamurti: Fahren Sie fort, mein Herr.
Bohm: Es ist keine vollkommene Harmonie, weil sich jede Form der Mathematik als begrenzt erwiesen hat. Deshalb bezeichne ich sie nur als relativ.
Krishnamurti: Gibt es also nun Harmonie im Denkvorgang? Wenn ja, dann hat er eine Beziehung zur Intelli-

genz. Wenn nein, wenn sich Widersprüche usw. ergeben, dann hat das Denken keine Beziehung zur Intelligenz.

Bohm: Würden Sie dann sagen, daß wir ohne Denken auskommen könnten?

Krishnamurti: Ich würde es umgekehrt formulieren: Die Intelligenz bedient sich des Denkens.

Bohm: Gut. Wie aber kann sich Intelligenz etwas bedienen, das disharmonisch ist?

Krishnamurti: Sie benutzt das widersprüchliche, disharmonische Denken, um sich auszudrücken, um sich zu verständigen, um Dinge in der Welt zu erschaffen.

Bohm: Und doch muß es noch in anderer Hinsicht Harmonie geben, nämlich durch das, was mittels der Denkfähigkeit geschieht, was wir eben beschrieben haben.

Krishnamurti: Langsam. Können wir erst einmal in negativer oder positiver Weise feststellen, was die Intelligenz ist und was sie nicht ist. Oder ist das unmöglich, weil Worte immer nur Gedanken, Zeit, Maß usw. sind?

Bohm: Wir können das nicht in Worten ausdrücken. Wir versuchen es aufzuzeigen. Können wir sagen, daß das Denken die Funktion eines Zeigers haben kann, der auf die Intelligenz hinweist? Dann stört seine Widersprüchlichkeit nicht mehr.

Krishnamurti: Das ist richtig, das ist richtig.

Bohm: Weil wir es weder wegen seines Inhalts noch wegen seiner Bedeutung, sondern nur als Zeiger verwenden, der in das Reich jenseits der Zeit weist.

Krishnamurti: So ist also das Denken ein Zeiger, der Inhalt ist die Intelligenz.

Bohm: Der Inhalt, auf den der Zeiger verweist.

Krishnamurti: Ja, können wir das ganz anders formulieren? Können wir sagen, daß Denken an sich unfruchtbar ist?
Bohm: Ja, wenn es für sich allein vor sich geht.
Krishnamurti: Was soviel heißt wie, daß es mechanisch usw. ist. Das Denken gleicht einem Zeiger, aber ohne die Intelligenz hat der Zeiger keinen Wert.
Bohm: Könnten wir sagen, daß die Intelligenz vom Zeiger abliest? Wenn niemand vom Zeiger abliest, zeigt der Zeiger auch nichts an.
Krishnamurti: Ganz recht. Daher ist die Intelligenz notwendig. Ohne sie hat Gedanke überhaupt keinen Sinn.
Bohm: Könnten wir jetzt sagen, daß Denken, wenn es nicht intelligent ist, ein sehr unklarer Zeiger ist?
Krishnamurti: Ja, ein sehr irrelevanter.
Bohm: Irrelevant, sinnlos usw. Erst mit der Intelligenz beginnt es, anders anzuzeigen. Aber dann scheinen doch die Intelligenz und das Denken in gemeinsamer Funktion zu verschmelzen.
Krishnamurti: Ja. Deshalb können wir fragen: Was ist nun Handlung im Hinblick auf die Intelligenz?
Bohm: Ja.
Krishnamurti: Was ist Handlung im Hinblick auf die Intelligenz? Und ist für die Durchführung der Handlung Gedanke notwendig?
Bohm: Ja, er ist notwendig, und er ist offensichtlich auf die Materie ausgerichtet. Dennoch scheint Gedanke in beide Richtungen zu weisen, nämlich auch rückwärts auf die Intelligenz. Eine immer wiederkehrende Frage ist die, ob wir behaupten sollen, daß sich die Intelligenz und die Materie nur innerhalb ein und derselben Sache voneinander unterscheiden oder daß sie grundsätzlich

verschieden sind. Sind sie wirklich voneinander getrennt?

Krishnamurti: Ich denke, sie sind voneinander getrennt, sie sind verschieden.

Bohm: Sie sind verschieden, aber sind sie wirklich getrennt?

Krishnamurti: Was meinen Sie mit dem Wort ›getrennt‹? Beziehungslos, unverbunden, ohne gemeinsamen Ursprung?

Bohm: Ja. Haben sie einen gemeinsamen Ursprung?

Krishnamurti: Das ist es ja gerade. Haben Gedanke, Materie und die Intelligenz einen gemeinsamen Ursprung? *(lange Pause)* Ich denke, sie haben einen.

Bohm: Sonst könnte es ja keine Harmonie geben.

Krishnamurti: Aber sehen Sie, Gedanke hat die Welt erobert. Verstehen Sie, erobert.

Bohm: Er beherrscht die Welt.

Krishnamurti: Gedanke, der Intellekt beherrscht die Welt, und deshalb findet die Intelligenz so wenig Raum hier. Wenn ein Ding herrscht, geht das andere unter.

Bohm: Ich weiß nicht, ob das relevant ist – aber man fragt sich, wie das überhaupt soweit kommen konnte.

Krishnamurti: Das ist ziemlich einfach.

Bohm: Was meinen Sie?

Krishnamurti: Das Denken braucht Sicherheit. Es sucht in allen seinen Vorgängen nach Sicherheit.

Bohm: Ja.

Krishnamurti: Aber die Intelligenz sucht keine Sicherheit. Sie hat keine Sicherheit. Die Vorstellung von Sicherheit existiert überhaupt nicht in ihr. Die Intelligenz *ist* Sicherheit. Nicht, daß sie nach Sicherheit sucht.

Bohm: Ja, aber wie konnte es geschehen, daß die Intelligenz es zuließ, beherrscht zu werden?

Krishnamurti: Das ist ziemlich klar. Vergnügen, Bequemlichkeit, physische Sicherheit, Sicherheit in der Handlung, Sicherheit ...

Bohm: Diese Sicherheit ist doch eine Illusion.

Krishnamurti: Natürlich, Illusion.

Bohm: Man könnte also sagen, daß das Denken außer Kontrolle geriet und nicht mehr so geordnet war, wie von der Intelligenz vorgeschrieben – oder daß es zumindest aufhörte, mit der Intelligenz in Harmonie zu bleiben, und anfing, sich aus eigenem Antrieb zu bewegen.

Krishnamurti: Aus eigenem Antrieb.

Bohm: Indem es nach Sicherheit und Vergnügen trachtete.

Krishnamurti: Wie wir schon neulich in einem Gespräch feststellten, gründet die ganze westliche Welt auf dem Maß. Und der Osten versuchte, darüber hinauszugelangen. Aber sie haben im Osten das Denken als Mittel verwendet, um darüber hinauszugehen.

Bohm: Sie haben es jedenfalls versucht.

Krishnamurti: Sie haben versucht, das Maß zu transzendieren, indem sie sich im Denken übten. So nahm das Denken sie gefangen. Nun ist Sicherheit, physische Sicherheit unerläßlich, deshalb wurde das physische Dasein, physisches Vergnügen, physisches Wohlergehen außerordentlich wichtig.

Bohm: Ja, ich habe darüber etwas nachgedacht. Beim Tier gibt es eine instinktive Reaktion auf Vergnügen und Sicherheit. Das wäre ganz in Ordnung. Sobald jedoch der Denkvorgang beginnt, kann er die Instinkte verwirren und allerlei falsche Reize erzeugen: mehr Vergnügen, mehr Sicherheit. Und die Instinkte sind nicht intelligent genug, um mit der Kompliziertheit der Gedanken umzugehen. Daher irrte Gedanke, als er die Instinkte erregte und die Instinkte alsbald nach mehr verlangten.

Krishnamurti: So erschuf Gedanke wahrhaftig eine Welt der Illusion, des Miasmas, der Verwirrung und schob die Intelligenz beiseite.

Bohm: Nun, wie wir bereits gesagt haben, ist das Gehirn aus diesem Grund sehr chaotisch und laut geworden. Die Intelligenz ist aber die Stille des Gehirns. Daher ist das laute Gehirn nicht intelligent.

Krishnamurti: Natürlich ist das laute Gehirn nicht intelligent.

Bohm: Das erklärt mehr oder weniger seinen Ursprung.

Krishnamurti: Wir versuchen zu entdecken, welche Beziehung zwischen Denken und der Intelligenz besteht, wenn es zur Handlung kommt. Alles ist doch Tätigkeit oder Untätigkeit. Was hat das mit der Intelligenz zu tun? Denken führt zu Handlungen, die chaotisch und fragmentarisch sind.

Bohm: Wenn sie nicht von der Intelligenz geleitet werden.

Krishnamurti: Und bei unserer Lebensweise werden sie nicht von der Intelligenz geleitet.

Bohm: Aus dem eben erwähnten Grund.

Krishnamurti: Es ist fragmentarische Aktivität und nicht die Aktivität des Ganzen. Die Intelligenz ist die Aktivität des Ganzen.

Bohm: Die Intelligenz muß aber auch die Denktätigkeit verstehen.
Krishnamurti: Ja, das haben wir festgestellt.
Bohm: Würden Sie also sagen, daß sich das Denken in seiner Wirksamkeit verändert, sobald die Intelligenz die Denktätigkeit versteht?
Krishnamurti: Ja, natürlich. Wenn Gedanke den Nationalismus als Mittel der Sicherheit erschaffen hat und man dann erkennt, wie trügerisch das ist, dann ist diese Erkenntnis Intelligenz. Gedanke erschafft dann eine andere Welt, in der es keinen Nationalismus mehr gibt.
Bohm: Ja.
Krishnamurti: Und auch keine Teilung, keinen Krieg, keinen Konflikt und alles andere.
Bohm: Das ist ganz klar. Die Intelligenz erkennt das Fälschliche in dem, was geschieht. Wenn das Denken von diesem Irrtum befreit ist, wandelt es sich. Von da an verläuft das Denken parallel zur Intelligenz.
Krishnamurti: Das stimmt.
Bohm: Das heißt, daß das Denken die sich aus der Intelligenz ergebenden Folgerungen durchzuführen beginnt.
Krishnamurti: Deshalb gebührt dem Denken sein Platz.
Bohm: Das ist sehr interessant; denn Gedanke wird von der Intelligenz niemals wirklich kontrolliert oder beherrscht. Er verläuft immer selbständig. Wenn aber im Lichte der Intelligenz das Unwahre erkannt wird, verläuft der Gedanke parallel oder in Übereinstimmung mit der Intelligenz.
Krishnamurti: Das stimmt.
Bohm: Doch gibt es nichts, was Gedanke zu irgend

etwas zwingt. Das könnte zu der Annahme führen, daß die Intelligenz und Gedanke einen gemeinsamen Ursprung oder eine gemeinsame Substanz haben und daß sie zwei Möglichkeiten bieten, die Aufmerksamkeit auf ein größeres Ganzes zu lenken.

Krishnamurti: Ja, man kann sehen, wie das Denken im politischen, religiösen und psychologischen Bereich eine Welt gewaltiger Widersprüchlichkeit und Zerrissenheit geschaffen hat. Und jene Intelligenz, die aus diesem Durcheinander hervorgeht, versucht Ordnung in dem Chaos zu schaffen. Das ist nicht dieselbe Intelligenz, die das Unwahre erkennt. Ich weiß nicht, ob ich mich klar ausdrücke. Wissen Sie, man kann schrecklich intelligent sein, obgleich man chaotisch ist.

Bohm: Nun ja, in gewisser Hinsicht.

Krishnamurti: Das ist es doch, was gegenwärtig in der Welt so passiert.

Bohm: Aber ich finde, das ist jetzt sehr schwer zu verstehen. Sie können sagen, daß die Intelligenz innerhalb eines beschränkten Bereichs, aber nicht außerhalb davon wirkt.

Krishnamurti: Schließlich interessiert uns doch das Leben und nicht die Theorien. Wir sind an einem Leben interessiert, in dem die Intelligenz wirksam werden kann, die Intelligenz, die nicht der Zeit angehört, die man nicht messen kann, die weder das Ergebnis des Denkens noch gedanklicher Vorgang ist und auch nicht dem Zustand des Gedanklichen angehört. Ein Mensch will nun ein anderes Leben führen. Er wird vom Denken beherrscht. Sein Denken verläuft immer maßstabsgerecht, in Vergleichen, in Widersprüchen. Er fragt sich: »Wie soll ich mich davon befreien, um intelligent zu werden? Wie kann das ›Ich‹, wie kann ›ich‹ zum Werkzeug dieser Intelligenz werden?«

Bohm: Das ist offenbar nicht möglich.

Krishnamurti: Das ist es ja gerade.

Bohm: Weil dieses Denken in der Zeit das Wesen der Unintelligenz ist.

Krishnamurti: Aber so denkt man nun einmal ständig.

Bohm: Ja, das heißt, das Denken stellt sich irgend etwas vor, was die Intelligenz sein könnte, und versucht dann, das zu erreichen.

Krishnamurti: Ja. Deshalb sage ich, daß Gedanke ganz still sein muß, damit die Intelligenz erwachen kann. Solange eine Bewegung im Gedanklichen besteht, kann jene nicht erwachen.

Bohm: Das ist klar auf einer Ebene. Wir sehen das Denken als rein mechanisch an. Das ist auf einer Ebene ersichtlich. Aber der Mechanismus setzt sich doch weiter fort.

Krishnamurti: Setzt sich fort, ja . . .

Bohm: . . . mittels der Instinkte, der Angst und des Vergnügens usw. Die Intelligenz muß diese Frage des Vergnügens, der Angst und des Verlangens in den Griff bekommen, die dem Gedanklichen Kontinuität schenkt.

Krishnamurti: Ja.

Bohm: Und sehen Sie, da ist immer eine Falle, nämlich unsere Vorstellung oder das Bild, das wir uns machen und das immer voreingenommen ist.

Krishnamurti: Deshalb würde mich als Mensch nur dieses zentrale Problem interessieren. Ich weiß, wie durcheinander, widersprüchlich, disharmonisch unser Leben ist. Kann man das ändern, so daß die Intelligenz sich in meinem Leben auswirken kann, daß ich ohne Disharmonie lebe, so daß der Zeiger, die Richtung von der Intelligenz bestimmt wird? Vielleicht ist das der Grund, warum fromme Menschen das Wort Gott anstelle des Wortes Intelligenz verwenden.

Bohm: Was für einen Vorteil hat das?

Krishnamurti: Ich weiß nicht, was der Vorteil ist.

Bohm: Aber warum sollte man dann so ein Wort verwenden?

Krishnamurti: Es ist aus der Ur-Angst entstanden, aus der Furcht vor der Natur, und allmählich entwickelte sich daraus die Vorstellung, daß es einen übermächtigen Vater geben müßte.

Bohm: Aber das ist immer noch Gedanke, der selbständig und ohne die Intelligenz arbeitet.

Krishnamurti: Natürlich. Da fällt mir gerade ein: Sie predigen: ›Vertraut auf Gott, glaubt an Gott, dann wird sich Gott durch euch kundtun.‹

Bohm: Gott mag eine Metapher für die Intelligenz sein, aber die Menschen fassen das im allgemeinen nicht als Metapher auf.

Krishnamurti: Natürlich nicht. Es ist ein phantastisches Bild.

Bohm: Ja, man könnte sagen, wenn Gott das bedeutet, was man nicht ermessen kann, was jenseits des Denkens ist ...

Krishnamurti: ... man kann ihm keinen Namen geben. Es ist unermeßlich, man darf sich kein Bild von ihm machen.

Bohm: Dann wird dieses auf das einwirken, was ermeßlich ist.

Krishnamurti: Ja. Was ich zu vermitteln versuche, ist,

daß das Verlangen nach dieser Intelligenz dieses Gottesbild mittels der Zeit erschaffen hat. Und man hofft, daß durch diese Vorstellung von Gott, Jesus, Krishna, oder was immer es sei, und durch den Glauben daran – der ja immer noch ein gedanklicher Vorgang ist – das eigene Dasein harmonisch wird.

Bohm: Und diese Art der Vorstellung schafft ein überwältigendes Verlangen, einen großen Drang, weil es so umfassend ist. Das heißt, es macht alle Vernunft zunichte.

Krishnamurti: Sie haben gehört, was die Erzbischöfe und die Bischöfe gesagt haben, nämlich, daß es nur auf Jesus ankommt und daß nichts anderes zählt.

Bohm: Doch das ist derselbe Vorgang, wo das Vergnügen die Vernunft zunichte macht.

Krishnamurti: Angst und Vergnügen.

Bohm: Sie überwältigen alles. Gleichmaß ist einfach nicht zu erreichen.

Krishnamurti: Was ich noch sagen möchte: Sehen Sie, die ganze Welt ist auf diese Weise geprägt.

Bohm: Ja, aber Ihre angedeutete Frage ist doch die, was das für eine Welt ist, die so geprägt ist. Wenn wir von dieser Welt annehmen, daß sie unabhängig vom Gedanklichen existiert, gehen wir in die gleiche Falle.

Krishnamurti: Natürlich, natürlich.

Bohm: Das heißt, die ganze so geprägte Welt ist die Folge dieser Denkungsart. Sie ist beides, Ursache und Wirkung dieser Denkungsart.

Krishnamurti: Das stimmt.

Bohm: Und diese Denkungsart ist Disharmonie und Chaos und Unintelligenz usw.

Krishnamurti: Ich habe der Konferenz der Labour-Party

in Blackpool zugehört. Wie klug, wie eifrig manche von ihnen sind! Wieviel doppelzüngiges Gerede! Sie denken nur in Begriffen von Labour-Party und Konservativen. Sie sagen niemals: »Wir wollen einig sein und sehen, was für die Menschen das Beste wäre.«

Bohm: Dazu sind sie nicht fähig.

Krishnamurti: Das ist es ja eben. Aber sie nutzen ihre Intelligenz!

Bohm: Naja, innerhalb dieses begrenzten Rahmens. Das war schon immer unsere Schwierigkeit. Die Menschen haben die Technologie und anderes in Form begrenzter Intelligenz entwickelt, was heute auch hochunintelligenten Zwecken dient.

Krishnamurti: Ja, das ist es eben.

Bohm: Das geht seit Jahrtausenden so. Dann kommt es natürlich zu Reaktionen. Die Probleme werden zu groß und weitreichend.

Krishnamurti: Dabei ist diese harmonische Vernunft so einfach, so ungewöhnlich einfach. Sie kann selbst im kompliziertesten Bereich funktionieren, weil sie so schlicht ist. Lassen Sie uns noch mal darauf zurückkommen. Wir haben festgestellt, daß beide – Gedanke und Intelligenz – einen gemeinsamen Ursprung haben . . .

Bohm: Ja, so weit waren wir.

Krishnamurti: Was für ein Ursprung ist das? Meistens wird er einer philosophischen Vorstellung zugeschrieben. Oder man sagt, jener Ursprung sei Gott – ich verwende dieses Wort nur im Augenblick – oder Brahma. Jener Ursprung ist beiden gemeinsam, er ist die zentrale Bewegung, die sich in Materie und Intelligenz teilt. Aber das ist nur eine wörtliche Aussage, nur eine Idee, die immer noch Gedanke ist. Sie können das nicht durch Nachdenken entdecken.

Bohm: Das wirft die Frage auf, was ›Sie‹ dann wären, falls Sie das entdeckten.

Krishnamurti: ›Sie‹ existieren dann nicht. ›Sie‹ können nicht sein, wenn Sie nach dem Ursprung fragen. ›Sie‹ sind Zeit, Bewegung, Umweltbedingungen. Das alles sind Sie.

Bohm: Mit dieser Frage wird also diese ganze Aufteilung abgelegt.

Krishnamurti: Vollkommen. Das ist der Kernpunkt.

Bohm: Da gibt es keine Zeit mehr...

Krishnamurti: Und doch sagen wir: »Ich werde nicht mehr denken.« Sobald das ›Ich‹ auftritt, fängt die Aufteilung an. Wenn ich also das Ganze verstehe, worüber wir gerade gesprochen haben, lege ich das ›Ich‹ ab.

Bohm: Das klingt aber widersprüchlich.

Krishnamurti: Ich weiß. *Ich* kann (mich) nicht ablegen. Es findet einfach statt. Was ist dann also der Ursprung? Kann man ihn je beim Namen nennen? Das religiöse Empfinden der Juden ist z. B., daß man ›ihn‹ nicht benennen kann, ›ihm‹ keinen Namen geben, nicht darüber sprechen, ›ihn‹ nicht berühren kann. Man kann nur schauen. Und die Hindus und andere drücken dasselbe anders aus. Die Christen haben sich mit dem Wort Jesus, mit dieser Vorstellung, ein Bein gestellt. Sie sind niemals bis zum Ursprung vorgedrungen.

Bohm: Das ist eine komplizierte Frage. Vielleicht haben sie versucht, mehrere Philosophien – das Hebräische, Griechische und Orientalische – miteinander zu vereinen.

Krishnamurti: Ich möchte jetzt darauf hinaus: Was ist

der Ursprung? Kann Gedanke ihn finden? Und doch kommen Gedanke ebenso wie die Intelligenz aus diesem Ursprung. Sie gleichen zwei Strömen, die in verschiedene Richtungen fließen.

Bohm: Würden Sie noch allgemeiner sagen, daß auch die Materie diesen gleichen Ursprung hat?

Krishnamurti: Natürlich.

Bohm: Ich meine, das ganze Universum. Aber dann liegt der Ursprung jenseits des Universums.

Krishnamurti: Könnten wir es so formulieren: Gedanke ist Energie, die Intelligenz ist auch Energie.

Bohm: Und auch die Materie.

Krishnamurti: Gedanke, Materie, alles Mechanische ist Energie. Die Intelligenz ist auch Energie. Gedanke ist verwirrt, befleckt, teilt sich auf.

Bohm: Ja, Gedanke ist vielseitig.

Krishnamurti: Und das andere ist es nicht. Es ist unbefleckt. Es kann sich nicht in »meine Intelligenz« und »Ihre Intelligenz« spalten. Es ist die Intelligenz, sie ist unteilbar. Sie ist einer Energiequelle entsprungen, die sich selber geteilt hat.

Bohm: Warum hat sie sich selber geteilt?

Krishnamurti: Aus physischen Gründen – zum Wohlergehen . . .

Bohm: Um das physische Dasein aufrechtzuerhalten. So ist ein Teil der Intelligenz zur Erhaltung der physischen Existenz verwandelt worden.

Krishnamurti: Ja.

Bohm: Dieser Teil hat sich auf bestimmte Weise entwickelt.

Krishnamurti: Und sich auf diese Weise fortgesetzt. Beide sind Energie. Es gibt nur eine einzige Energie.

Bohm: Ja. Es sind verschiedene Energieformen. Es gibt viele Analogien darüber, wenn auch auf einer viel beschränkteren Skala. In der Physik könnte man sagen, daß das Licht normalerweise eine sehr komplizierte Wellenbewegung ist. Aber im Laserstrahl kann es sich auf sehr einfache und harmonische Weise bewegen.

Krishnamurti: Ja. Ich habe über den Laser gelesen. Was hat man Ungeheuerliches damit vor!

Bohm: Ja, man benutzt ihn zur Zerstörung. Der Verstand kann etwas Gutes entdecken, aber dann wird es im Großen immer zerstörerisch angewandt.

Krishnamurti: Ist also die Energie als einzige Quelle anzusehen?

Bohm: Würden Sie sagen, daß die Energie eine Art Bewegung ist?

Krishnamurti: Nein, sie ist zunächst einmal Energie. Sobald sie zur Bewegung wird, tritt sie in den gedanklichen Bereich ein.

Bohm: Wir müssen diesen Energiebegriff klären. Ich habe auch dieses Wort nachgeschlagen. Es basiert auf dem Begriff: wirken. Energie heißt: ›innen wirken‹.

Krishnamurti: Innen wirken, ja.

Bohm: Aber jetzt sagen Sie, daß es eine Energie gibt, die wirkt, aber bewegungslos ist.

Krishnamurti: Ich habe gestern darüber nachgedacht – nein, nicht nachgedacht. Ich erkannte vielmehr, daß der Ursprung da ist – unbefleckt, bewegungslos, unberührt vom Gedanken. Er ist da. Aus diesem einen werden beide geboren. Warum werden sie überhaupt geboren?

Bohm: Das eine war zum Überleben notwendig.

Krishnamurti: Das ist alles. Zum Zwecke des Überlebens wurde dieses in seiner Ganzheit verleugnet oder hintangestellt. Mein Herr, was ich sagen möchte, ist folgendes: Als Mensch, der in dieser Welt des Chaos und Leidens lebt, möchte ich herausfinden, ob der menschliche Geist jenen Ursprung erreichen kann, in dem diese Aufteilung nicht existiert. Und ob er, weil er diesen Ursprung berührt hat, in dem es keine Teilung gibt, dann ohne das Gefühl der Teilung wirken kann. Ich weiß nicht, ob ich Ihnen das richtig vermittle.

Bohm: Aber wie ist es möglich, daß der menschliche Geist diesen Ursprung nicht berührt? Warum berührt er diesen Ursprung nicht?

Krishnamurti: Weil uns unser Denken, die Klugheit des Verstandes, der gedankliche Vorgang aufzehren – alle ihre Götter, ihre Meditationen, alles ist aus.

Bohm: Ja, ich glaube, das wirft die Frage nach Leben und Tod auf, es bezieht sich auf das Überleben; denn das ist so eine Angelegenheit, die allen im Wege steht.

Krishnamurti: Das Denken und sein Sicherheitsbereich, sein Sicherheitsbedürfnis hat den Tod als etwas erschaffen, das von ihm getrennt ist.

Bohm: Ja, das könnte der Kernpunkt sein.

Krishnamurti: Er ist es.

Bohm: Man könnte es so ansehen, daß das Denken sich selber als Instrument des Überlebens geschaffen hat. Und deshalb ...

Krishnamurti: ... hat es sich Unsterblichkeit durch Jesus oder durch dies oder das erschaffen.

Bohm: Das Denken kann unmöglich seinen eigenen Tod betrachten. Wenn es das versucht, stellt es sich immer irgend etwas anderes, irgendeinen erweiterten

Standpunkt vor, von dem aus es die Sache zu betrachten scheint. Wenn jemand versucht sich vorzustellen, daß er tot wäre, dann stellt er sich immer noch vor, daß er lebt und sich selber als Toten sieht. Man kann das noch durch verschiedene religiöse Begriffe weiter komplizieren. Aber es sieht so aus, als wäre das Denkvermögen so beschaffen, daß es den Tod unmöglich richtig anschauen kann.

Krishnamurti: Es kann es nicht. Denn das würde bedeuten, daß es sich selber ein Ende setzt.

Bohm: Das ist sehr interessant. Nehmen wir einmal den körperlichen Tod an, den wir im Äußeren sehen. Der Organismus stirbt, er verliert seine Energie und zerfällt.

Krishnamurti: Es ist wirklich so, daß der Körper ein Instrument der Energie ist.

Bohm: Sagen wir also, daß die Energie aufhört, den Körper zu durchdringen, und deshalb verliert der Körper seine Ganzheit. Sie können das auch vom Gedanklichen sagen. In gewisser Weise speist die Energie die Gedanken wie den Körper. Stimmt das?

Krishnamurti: Das ist richtig.

Bohm: Oft haben Sie und andere den Satz ausgesprochen: »Der Geist stirbt für alles Gedankliche.« Diese Art, es auszudrücken, ist anfangs sehr verwirrend, weil man dabei denkt, daß es doch Gedanke ist, der sterben soll.

Krishnamurti: Durchaus, durchaus.

Bohm: Aber jetzt sagen Sie, daß der Geist stirbt, oder besser, daß die Energie stirbt, die das Gedankliche speist. Soweit ich das verstehen kann, wird das Denken in seiner Tätigkeit mit Energie durch den Geist oder die Intelligenz versorgt. Wenn das Denken nicht mehr relevant ist, schwindet die Energie und läßt das Gedankliche gleichsam als toten Organismus zurück.

Krishnamurti: Das ist richtig.

Bohm: Nun, das ist geistig sehr schwer zu akzeptieren. Der Vergleich zwischen Gedanke und Organismus scheint so schlecht zu sein, weil Gedanke unstofflich, der Organismus aber stofflich ist. So scheint der Tod des Organismus weit schwerwiegender als der Tod des Gedanklichen zu sein. Dieser Punkt ist unklar. Würden Sie sagen, daß wir im Tod des Gedanklichen das Wesen des körperlichen Todes haben?

Krishnamurti: Offensichtlich.

Bohm: Daß er sozusagen von derselben Art ist, obgleich natürlich in viel kleinerem Maßstab?

Krishnamurti: Wie wir bereits sagten, fließt in beiden Energie. Und Gedanke besteht in seiner Bewegung aus dieser Energie und kann sich selber nicht sterben sehen.

Bohm: Er hat keine Möglichkeit, seinen eigenen Tod zu sehen, ihn sich vorzustellen oder zu begreifen.

Krishnamurti: Deshalb flieht er vor dem Tod.

Bohm: Zumindest macht er sich diese Illusion.

Krishnamurti: Natürlich ist das eine Illusion. Er hat sich die Illusion der Unsterblichkeit oder eines Zustandes jenseits des Todes erschaffen, eine Projektion seines Verlangens nach Fortdauer.

Bohm: Nun, vielleicht hat das Verlangen nach Fortdauer des Organismus Gedanke ins Dasein gerufen.

Krishnamurti: Ja, das stimmt, und sich dann darüber hinaus weiter fortgesetzt.

Bohm: Darüber hinaus fortgesetzt, indem er nach eigenem Weiterleben verlangte. Das war der Fehler. An der Stelle entstand der Fehler. Gedanke sah sich selber als eine Erweiterung an – nein, nicht nur als eine Erweiterung –, sondern als den Geist des Organismus. Anfangs funktioniert Gedanke bloß im Körper, später jedoch beginnt sich Gedanke als der Geist des Organismus darzustellen.
Krishnamurti: Das stimmt.
Bohm: Dann beginnt Gedanke nach eigener Unsterblichkeit zu verlangen.
Krishnamurti: Und Gedanke selber weiß, ist sich sehr wohl bewußt, daß er nicht unsterblich ist.
Bohm: Aber nur äußerlich. Ich meine, das wird als äußerer Tatbestand akzeptiert.
Krishnamurti: Deshalb erfindet er Unsterblichkeit in Bildern und Vorstellungen. – Ich höre das alles als Außenseiter, und ich sage mir: »Das ist vollkommen wahr, so klar, so logisch, so vernünftig. Wir erkennen das sowohl psychologisch als auch physiologisch ganz klar.« Wenn ich das alles beobachte, frage ich: »Kann der menschliche Geist die Reinheit der Urquelle bewahren?« Die ursprüngliche, reine Klarheit jener Energie, die nicht von der Entstellung durch das Gedankliche berührt wird? Ich weiß nicht, ob Sie mich verstehen.
Bohm: Die Frage ist klar.
Krishnamurti: Kann der Geist das bewahren? Kann er sie je entdecken?
Bohm: Was ist Geist?
Krishnamurti: Geist – von dem wir gerade sprechen – oder der Organismus, das Denken, das Gehirn mit all

seinen Erinnerungen, Erfahrungen und das alles, was von der Zeit ist. Und der Geist fragt: »Kann ich an diese Quelle gelangen?« Er kann es nicht. So sage ich mir: »Da er es nicht kann, werde ich still sein.« Sehen Sie die Tricks, die er anwendet?

Bohm: Ja.

Krishnamurti: Ich will lernen, wie man still ist. Ich will lernen, wie man meditiert, um still zu sein. Ich erkenne, wie wichtig es ist, daß man einen Geist hat, der von der Zeit, vom Mechanismus des Denkens befreit ist. Ich will meine Gedanken beherrschen, unterwerfen, von mir weisen. Aber das ist immer noch Gedankenarbeit. Das ist sehr klar. Was soll man also machen? Weil der Mensch in Disharmonie lebt, muß er diese untersuchen. Und das tun wir gerade. Während wir diese Untersuchung beginnen oder in ihrem Verlauf, gelangen wir an diesen Ursprung. Ist das eine Erkenntnis, eine Einsicht? Und hat diese Einsicht nun überhaupt nichts mit Gedanken zu tun? Ist Einsicht ein Ergebnis von Überlegungen? Die Schlußfolgerung einer Einsicht ist Gedanke. Aber Einsicht selber ist kein Gedanke. Ich habe also einen Schlüssel dazu. Was ist denn Einsicht? Kann ich sie in mir wecken? Kann ich sie entwickeln?

Bohm: Sie können nichts von alledem. Aber man benötigt bestimmte Energie dazu.

Krishnamurti: Das ist es eben. Ich kann das alles nicht machen. Wenn ich Einsicht entwickle, ist es Verlangen. Wenn ich sage, ich will dieses oder jenes tun, ist es auch Verlangen. So ist Einsicht also kein Denkergebnis. Sie gehört nicht dem gedanklichen Zustand an. Aber wie kommt man nun zu dieser Einsicht? *(Pause)*

Wir haben sie erreicht, weil wir alles andere von uns gewiesen haben.
Bohm: Ja, sie ist da. Sie können die Frage, wie man dazu kommt, niemals beantworten.
Krishnamurti: Nein. Ich glaube, es ist ziemlich klar, mein Herr. Wenn man das Ganze sieht, gelangt man zur Einsicht. Einsicht ist die Wahrnehmung des Ganzen. Ein Fragment kann das nicht erkennen. Aber das ›Ich‹ erkennt die Fragmente, und wenn das ›Ich‹ die Fragmente erkennt, sieht es das Ganze, und ein so beschaffener Geist, der das Ganze sieht, wird von Gedanken nicht berührt. So kommt er zu Erkenntnis und Einsicht.
Bohm: Vielleicht sollten wir das noch einmal langsamer durchsprechen. Wir sehen alle Fragmente. Könnten wir sagen, daß die eigentliche Energie, die Aktivität, welche die Fragmente erkennt, vollkommen ist?
Krishnamurti: Ja, ja.
Bohm: Wir sehen nie das Ganze, weil ...
Krishnamurti: ... wir so erzogen worden sind usw.
Bohm: Aber ich glaube, wir würden sowieso nicht das Ganze als ein Etwas erkennen. Es muß wohl eher heißen: Ganzheit ist die Freiheit, in der alle Fragmente gesehen werden.
Krishnamurti: Das stimmt. Die Freiheit zu erkennen. Solange die Fragmente sind, gibt es keine Freiheit.
Bohm: Das ist paradox.
Krishnamurti: Natürlich.
Bohm: Aber Ganzheit fängt nicht bei den Fragmenten an. Wenn die Ganzheit erst einmal wirkt, gibt es keine Fragmente. So entsteht das Paradox aus der Annahme, daß die Fragmente real seien, daß sie unabhängig vom

Gedanken existieren. Dann, nehme ich an, würden Sie sagen, daß die Fragmente bei mir in meinen Gedanken seien und ich etwas mit ihnen machen muß – das wäre paradox. Ganzheit beginnt bei der Einsicht, daß diese Fragmente in gewisser Hinsicht nichts sind. Das scheint mir so zu sein. Sie sind nicht stofflich. Sie sind sehr unstofflich.

Krishnamurti: Unstofflich, ja.

Bohm: Und deshalb vereiteln sie auch nicht die Ganzheit.

Krishnamurti: Durchaus nicht.

Bohm: Sehen Sie, das, was so oft Verwirrung stiftet, ist, daß die Fragmente, sobald man sie in Worte kleidet, als stoffliche Wirklichkeit erscheinen. Dann müssen Sie sie sehen. Und doch sagen Sie, solange die Fragmente da sind, gibt es keine Ganzheit, so daß man sie nicht sehen kann. Doch läßt sich alles auf das eine, auf den einen Ursprung zurückführen.

Krishnamurti: Ich bin sicher, mein Herr, daß wirklich ernsthafte Menschen diese Frage gestellt haben. Sie haben diese Frage gestellt und versucht, eine Antwort durch Nachdenken zu finden.

Bohm: Ja, das scheint natürlich zu sein.

Krishnamurti: Und Sie haben niemals bemerkt, daß sie dabei durch das Denken gefangengenommen wurden.

Bohm: Das ist immer die Schwierigkeit. Jeder sieht sich dieser Schwierigkeit gegenüber: Er scheint alles zu betrachten, seine Probleme anzuschauen und sagt: »Das sind meine Probleme, ich schaue sie an.« Aber dieses Anschauen ist nur Denken, das irrtümlich für Anschauen gehalten wird. Das ist eine der Verwechslungen, die entstehen. Wenn Sie sagen: »Denkt nicht, sondern schaut hin!«, dann meint der andere, er schaut ja schon hin.

Krishnamurti: Durchaus. So, sehen Sie, kam es zu dieser Frage, und sie sagen: »Gut, dann muß ich eben meine Gedanken beherrschen, sie unterdrücken, und ich muß dafür sorgen, daß Stille in meinen Geist einzieht, so daß er vollkommen wird. Dann kann ich die Einzelteile, alle die Fragmente sehen, und dann werde ich an den Ursprung gelangen.« Aber das ist immer noch dauernd die Arbeit der Gedanken.

Bohm: Ja, das bedeutet, daß die Gedankentätigkeit größtenteils unbewußt ist und man deshalb gar nicht weiß, daß sie sich fortsetzt. Bewußt mögen wir sagen, daß wir erkannt haben, daß das alles geändert werden, anders werden muß.

Krishnamurti: Aber sie setzt sich unbewußt fort. Können Sie also zu meinem Unbewußten sprechen, da Sie wissen, daß mein bewußter Verstand Ihnen widerstehen wird? Denn Sie sagen mir etwas Revolutionäres, Sie erzählen mir etwas, das mein ganzes Haus, welches ich so sorgfältig gebaut habe, ins Wanken bringt, und ich werde Ihnen deshalb nicht zuhören. Verstehen Sie mich? Ich weise Sie durch meine instinktiven Reaktionen zurück. Also erkennen Sie das und sagen: »Gut, alter Freund, dann hören Sie mir eben nicht zu. Ich werde zu Ihrem Unterbewußtsein sprechen, damit es erkennt, daß jede Bewegung, die es macht, immer noch im Zeitlichen ist.« Auf diese Weise bleibt Ihr bewußter Geist untätig. Sobald er tätig wird, muß er entweder widerstehen oder sagen: »Ich will es akzeptieren.« So erschafft er Widerspruch in sich selber.

Können Sie also zu meinem Unterbewußtsein sprechen?

Bohm: Man kann immer nach dem Wie fragen.

Krishnamurti: Nein, nein. Sie können zu einem Freund sagen: »Leiste keinen Widerstand, denke nicht darüber nach, aber ich werde zu dir sprechen. Wir beide teilen uns einander mit, ohne daß der bewußte Geist zuhört.«

Bohm: Ja.

Krishnamurti: Ich denke, das ist es, was wirklich vor sich geht. Ich bemerkte, als Sie mit mir sprachen, daß ich nicht so sehr auf Ihre Worte hörte. Ich hörte *Ihnen* zu. Ich war Ihnen gegenüber geöffnet, nicht so sehr Ihren Worten gegenüber, während Sie mir alles erklärten. Ich sagte mir, vergiß das alles. Ich höre Ihnen zu und nicht so auf die Worte, die Sie verwenden, sondern mehr auf deren Sinn, auf die innere Beschaffenheit Ihres Gefühls, das Sie mir mitteilen wollen.

Bohm: Ich verstehe.

Krishnamurti: Das verändert mich und nicht all diese Worte. Auf diese Weise können Sie mit mir über meine Schwächen, meine Illusionen, meine eigenartigen Neigungen sprechen, ohne daß sich mein Bewußtsein störend einmischt und sagt: »Bitte, rühren Sie nicht daran. Lassen Sie mich in Ruhe!« In der Werbung versucht man es mit unterschwelligen Reizen. Während Sie nämlich unaufmerksam sind, ist Ihr Unterbewußtsein aufmerksam, was Sie dann veranlaßt, diese besondere Seife zu kaufen! Wir machen das hier nicht. Es wäre tödlich. Was ich jetzt sage, ist: Hören Sie mir nicht bewußt zu, aber hören Sie mit Ihrem inneren Gehör, das viel mehr hört. So habe ich Ihnen heute morgen zugehört, weil ich genauso wie Sie an dem einen Ursprung interessiert bin. Verstehen Sie, mein Herr. Mich interessiert wirklich dieses eine. Dieses alles ist erklärlich, leicht verständlich – aber gemeinsam an dieses eine heranzukommen, es gemeinsam zu empfinden! Verstehen Sie? Ich denke, daß man auf diese Weise eine Prägung, eine Gewohnheit, eine gezüchtete Vorstellung auflösen könnte. Sie sprechen darüber auf einer Ebene, für die sich das Bewußtsein nicht unbedingt interessiert. Es hört sich merkwürdig an, aber Sie verstehen wohl, was ich meine? – Nehmen wir z. B. an, ich wäre vorgeprägt. Sie können mich ein dutzendmal darauf hinweisen, mit mir streiten, mir den Irrtum zeigen, mich auf die Dummheit hinweisen. Trotzdem mache ich so weiter. Ich leiste Widerstand. Ich sage, wie es sein sollte, was soll ich sonst in dieser Welt anderes tun usw. Sie aber erkennen die Wahrheit, daß es Konflikt geben muß, solange der Geist geprägt ist. So dringen Sie eben ein, schieben den Widerstand beiseite und bringen das Unbewußte dazu, Ihnen zuzuhören; denn das Unbewußte ist viel subtiler, viel schneller. Möglich, daß es Angst hat, aber es erkennt die Gefahr, die Angst mit sich bringt, viel rascher als das Bewußtsein. So wie damals, als ich in Kalifornien hoch oben in den Bergen spazierenging. Ich beobachtete, schaute den Vögeln nach und die Bäume an, als ich eine Klapperschlange hörte und sofort beiseite sprang. Es war eine unbewußte Reaktion, die den Körper springen ließ. Im Sprung erblickte ich die Schlange. Sie war nur zwei oder drei Fuß von mir entfernt. Sie hätte mich leicht erwischen können. Mein Bewußtsein hätte dafür mehrere Sekunden gebraucht.

Bohm: Wenn Sie das Unterbewußtsein erreichen wollen, müssen Sie etwas tun, was das Bewußtsein nicht direkt anspricht.

Krishnamurti: Ja. Das ist Zuneigung, das ist Liebe. Wenn Sie zu meinem Wachbewußtsein sprechen, ist es hart, klug, scharfsinnig, spröde. Und Sie durchdringen es, durchdringen es mit Ihrem Blick, mit Ihrer Zuneigung, mit Ihrem ganzen Gefühl, das Sie haben. *Das* wirkt und nichts anderes.

Bibliographische Notiz

»Was suchen wir?«, »Der Einzelne und die Gesellschaft«, »Selbsterkenntnis« finden sich in dem Band »Schöpferische Freiheit«, aus d. Engl. v. Dr. Annie Vigereno, Humata Verlag Harold S. Blume, Bern (4. Aufl.)

»Zeit«, »Unschuld«, »Sicherheit«, »Die Leere« und »Die Stille« entstammen dem Werk »Revolution durch Meditation«, übertr. v. Erich Schmidt, Humata Verlag Harold S. Blume, Bern (3. Aufl.)

Die restlichen Gedanken des Kapitels »Gedanken und Meditationen« finden sich in: »Ideal und Wirklichkeit«, aus d. Engl. v. Eugen v. Beulwitz, hrsg. v. D. Rajagopal, Humata Verlag Harold S. Blume, Bern (4. Aufl.)

Die Gespräche »Über den Frieden« entstammen dem zweisprachigen Band »Die Welt des Friedens«, aus d. Engl. v. Ingeborg v. Massenbach, Verlag Karel Jadrny-Pokorny, München 1985

Die Gespräche »Über das Sein« finden sich in dem Buch »Gespräche über das Sein«, aus d. Engl. v. Susanne Schaup, O. W. Barth Verlag, Bern, München, Wien ^{4}1986

»Über das Erwachen der Intelligenz« entstammt dem Buch »Frage und Antworten«, aus d. Engl. v. Ingeborg v. Massenbach, Goldmann Verlag, München 1985

Weitere Schriften Krishnamurtis:

Autorität und Erziehung, Bern ^{4}1986
Einbruch in die Freiheit, Berlin 1973
Frei Sein!, Bern o. J.
In Kommunion mit dem Leben, Hopferau-Heimen o. J.
Konflikt und Klarheit, Bern ^{3}1983
Leben ohne Illusionen, Hopferau-Heimen 1982
Leidlos inmitten der Welt, Hopferau-Heimen 1983
Das Netz der Gedanken, Hopferau-Heimen 1983
Religiöse Erneuerung, Bern ^{2}1978
Das Tor zu neuem Leben, Hopferau-Heimen 1981
Verstand und Liebe, Bern 1982
Der Weg aus dem Chaos, Hopferau-Heimen 1983
Wegweiser zum wahren Leben, Freiburg/Br. 1961
Die letzten Gespräche in Saanen 1985, Grafing 1986
Marianne Ryzek, Über Krishnamurti – Auf der Suche nach der Wahrheit, Eurasburg 1985

Ein Bildband mit Photos von Asit Chandmal erschien unter dem Titel »One thousand moons – Krishnamurti at eightyfive« 1985 bei Harry N. Abrams Inc. Publishers, New York